WALTER
BENJAMIN

Imagens de pensamento
Sobre o haxixe e outras drogas

FILŌBENJAMIN   **autêntica**

WALTER BENJAMIN
Imagens de pensamento
Sobre o haxixe e outras drogas

3ª REIMPRESSÃO

TRADUÇÃO E EDIÇÃO **João Barrento**

Copyright © 2013 Autêntica Editora
Copyright da tradução © 2013 João Barrento

Títulos originais:
Denkbilder; Über Haschisch/Protokolle zu Drogenversuche

Todos os direitos reservados pela Autêntica Editora. Nenhuma parte desta publicação poderá ser reproduzida, seja por meios mecânicos, eletrônicos ou em cópia reprográfica, sem a autorização prévia da Editora.

COORDENADOR DA COLEÇÃO FILÔ
Gilson Iannini

CONSELHO EDITORIAL
Gilson Iannini (UFMG); *Barbara Cassin* (Paris); *Carla Rodrigues* (UFRJ); *Cláudio Oliveira* (UFF); *Danilo Marcondes* (PUC-Rio); *Ernani Chaves* (UFPA); *Guilherme Castelo Branco* (UFRJ); *João Carlos Salles* (UFBA); *Monique David-Ménard* (Paris); *Olímpio Pimenta* (UFOP); *Pedro Süssekind* (UFF); *Rogério Lopes* (UFMG); *Rodrigo Duarte* (UFMG); *Romero Alves Freitas* (UFOP); *Slavoj Žižek* (Liubliana); *Vladimir Safatle* (USP)

EDITORA RESPONSÁVEL
Rejane Dias

REVISÃO
Cecília Martins
Sabrina Sedlmayer

LEITURA FINAL
Jean D. Soares

PROJETO GRÁFICO E CAPA
Diogo Droschi

DIAGRAMAÇÃO
Conrado Esteves

Dados Internacionais de Catalogação na Publicação (CIP)
(Câmara Brasileira do Livro, SP, Brasil)

Benjamin, Walter, 1892-1940.
  Imagens de pensamento/Sobre o haxixe e outras drogas / Walter Benjamin ; edição e tradução de João Barrento. -- 1. ed. ; 3. reimp. -- Belo Horizonte : Autêntica Editora, 2024. -- (Coleção Filô/Benjamin ; 4)

  Títulos originais: Denkbilder; Über Haschisch/Protokolle zu Drogenversuche.
  Bibliografia
  ISBN 978-85-8217-254-4

  1. Autores alemães - Século 20 - Uso de drogas 2. Benjamin, Walter, 1892-1940 - Filosofia 3. Benjamin, Walter, 1892-1940 - Literatura 4. Haxixe - Aspectos sociais 5. História - Filosofia I. Título. II. Série.

13-11841   CDD-901

Índices para catálogo sistemático:
1. Teoria benjaminiana da história como imagens de pensamento : Filosofia 901

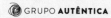

Belo Horizonte
Rua Carlos Turner, 420
Silveira . 31140-520
Belo Horizonte . MG
Tel.: (55 31) 3465 4500

São Paulo
Av. Paulista, 2.073 . Conjunto Nacional
Horsa I . Sala 309 . Bela Vista
01311-940 . São Paulo . SP
Tel.: (55 11) 3034 4468

www.grupoautentica.com.br
SAC: atendimentoleitor@grupoautentica.com.br

7.   Imagens de pensamento
Nápoles p. 9; Moscou p. 19; O caminho para o sucesso em treze teses p. 50; Weimar p. 54; [Dois sonhos] p. 56; Paris, a cidade no espelho p. 57; Marselha p. 61; San Gimignano p. 65; No sexagésimo aniversário de Karl Wolfskehl p. 67; Sombras curtas (I) p. 70; Comida p. 75; Romances policiais em viagem p. 81; Mar nórdico p. 83; Desempacotando a minha biblioteca p. 89; O caráter destrutivo p. 97; O coelho de Páscoa descoberto, ou Pequeno guia dos esconderijos p. 99; Escavar e recordar p. 101; Sonho p. 101; Sequência de Ibiza p. 102; Ao sol p. 111; Autorretratos do sonhador p. 114; Sombras curtas (II) p. 119; Imagens de pensamento p. 122; Uma vez não são vezes p. 127; Belo terrível p. 128; Uma vez mais p. 129; Pequenas habilidades p. 129

133.   Sobre o haxixe e outras drogas
Haxixe em Marselha p. 135; Protocolos de experiências com drogas p. 142

171.   Comentário
Imagens de Pensamento p. 174

Sobre o haxixe e outras drogas p. 189

Imagens de pensamento

Nápoles

Walter Benjamin e Asja Lacis[1]

Há alguns anos, um padre acusado de comportamento imoral foi conduzido pelas ruas de Nápoles em cima de uma carroça. As pessoas seguiam-no e iam soltando imprecações. Numa dada esquina encontram um cortejo nupcial. O padre levanta-se e abençoa-os, e todos os que seguiam atrás da carroça caem de joelhos. Dessa forma radical o catolicismo se empenha em se reabilitar nesta cidade, aproveitando todas as situações. Se um dia desaparecesse da face da Terra, o seu último reduto não seria Roma, mas Nápoles.

Em nenhum outro lugar, melhor do que no seio da Igreja, este povo pode entregar-se em maior segurança à sua imensa barbárie, nascida no próprio coração da grande cidade. Precisa do catolicismo, porque ele é o suporte de uma lenda, da data do calendário que assinala um martírio, legitimando os seus excessos. Aqui nasceu Alfonso di Liguori, o santo que flexibilizou as práticas da Igreja, entendido

---

[1] A autoria conjunta deste texto é duvidosa, embora ele tenha sido publicado no jornal *Frankfurter Zeitung* como sendo de Walter Benjamin e Asja Lacis, a revolucionária russa que Benjamin conheceu em Capri em 1924 (vide comentário, p. 174). (N.T.: todas as notas neste volume são do tradutor.)

no ofício de delinquentes e prostitutas, para controlá-lo na confissão, cujo compêndio, em três volumes, ele próprio redigiu, com penitências mais severas ou mais brandas. Só a Igreja, e não a polícia, pode se equiparar à criminalidade organizada da Camorra.

Assim, quem se sente lesado nem pensa em chamar a polícia se faz questão de reaver o que é seu. Por intermédio de mediadores civis ou religiosos, quando não é ele próprio a fazê-lo, vai ao encontro de um camorrista. Através dele ajusta um resgate. O quartel-general da Camorra continental estende-se de Nápoles a Castellamare, ao longo dos subúrbios proletários. Esses criminosos evitam os bairros em que seriam mais vulneráveis à polícia. Espalham-se pela cidade e pelos subúrbios, e é isso que os torna perigosos. O viajante que, até Roma, vai avançando de obra de arte em obra de arte, como que se agarrando a uma paliçada, não se sentirá bem em Nápoles.

Não poderia imaginar-se prova mais grotesca disso do que a organização de um congresso internacional de filosofia. Dissipou-se sem deixar rasto nos vapores do fogo de artifício desta cidade, enquanto a celebração dos setecentos anos da universidade, a cuja auréola de latão fora consagrado, se desenrolava no meio do alarido de uma festa popular. Os convidados apareceram no secretariado, queixando-se de que lhes tinham sido roubados num abrir e fechar de olhos dinheiro e documentos. Mas o viajante comum não tem melhor sorte. Nem o guia Baedeker o pode tranquilizar. Aqui não se encontram as igrejas, a escultura que o guia destaca com uma estrelinha encontra-se numa ala inacessível do museu, e as obras da pintura local estão assinaladas com a advertência "maneirismo".

Não se pode apreciar a tão afamada água potável. A pobreza e a miséria têm um efeito tão contagioso como quando se fala dela às crianças, e o medo tolo de se ser enganado é apenas a mísera racionalização desse sentimento. Se o século XIX, como disse Péladan, inverteu realmente a ordem medieval, natural, das necessidades de vida dos pobres, se a casa e o vestuário se tornaram obrigatórios à custa da alimentação, aqui essas convenções foram revogadas. Um mendigo está deitado na rua, encostado ao passeio, agitando o chapéu vazio como quem se despede numa estação. Aqui, a miséria obriga a descer, como há dois mil anos descia para as criptas: hoje ainda, o caminho para as catacumbas passa pelo "Jardim dos Suplícios", e ainda hoje os deserdados são os seus guias. No Hospital de San Gennaro dei Poveri, a entrada faz-se por um complexo de dois edifícios, através de dois pátios. De ambos os lados da rua estão os bancos dos doentes, que seguem os que saem com olhares que não revelam se eles se agarram às suas roupas para lhes pedir que os libertem ou para neles se penitenciarem de desejos inimagináveis. No segundo pátio, as enfermarias têm grades; atrás delas, os aleijados exibem as suas mutilações, e a sua alegria é o ar assustado dos que passam, distraídos.

Um dos velhos faz de guia e segura a lanterna diante de um fragmento de afrescos dos cristãos primitivos. E deixa ecoar a palavra mágica centenária: "Pompeia". Tudo o que o forasteiro deseja, admira e paga é "Pompeia". "Pompeia" torna irresistíveis as imitações em gesso das ruínas dos templos, a corrente de massa de lava e o cicerone piolhento. Este fetiche torna-se ainda mais miraculoso porque muito poucos daqueles que ele alimenta alguma vez o viram. É natural, por isso, que a *madonna* milagrosa que aí reina receba uma igreja de peregrinação suntuosa e novinha em folha. É nessa casa, e não na dos Vétios, que Pompeia está viva para os napolitanos. E aí estão sempre em casa a delinquência e a miséria.

Alguns relatos de viagem fantasiosos aquarelaram a cidade. De fato, ela é cinzenta, de um cinzento vermelho e ocre, um cinzento branco. E toda cinzenta contra o céu e o mar. Pelo menos isto retira aos cidadãos o seu prazer. Pois quem não é capaz de captar formas tem pouco para ver aqui. A cidade parece feita de rochedos. Vista do alto, do Castell San Martino, aonde os ruídos não chegam, jaz morta no crepúsculo, fundindo-se com as pedras. Só uma faixa de costa se estende mais uniforme, atrás dela as casas empilhadas umas sobre as outras. Prédios de habitação de seis ou sete andares, assentes em terrenos por onde sobem escadas, parecem arranha-céus ao lado das vilas. No próprio solo rochoso, mais junto da costa, foram escavadas cavernas. Aqui e ali aparece uma porta nas rochas, como nos quadros de eremitas do *trecento*. Quando está aberta, veem-se grandes caves que servem ao mesmo tempo de dormitório e armazém. Mais adiante há escadas que levam ao mar, a tabernas de pescadores instaladas em grutas naturais. À noite, uma luz baça e uma música distante sobem daí até à parte alta.

A arquitetura é porosa como a pedra. A construção e as atividades interpenetram-se em pátios, arcadas e escadas. Em tudo se preservaram espaços que podem transformar-se em cenário de imprevisíveis constelações de acontecimentos. Evita-se o definitivo, a marca inalterável. Não há situação que esteja prevista para sempre tal como é, nenhuma forma pretende ser "assim e não de outro modo". É assim que vai nascendo a arquitetura, o elemento mais marcante do ritmo da comunidade. Civilizada, privada e ordenada, apenas nos grandes hotéis e armazéns dos cais; anárquica, labiríntica, rústica no centro, onde só há quarenta anos se abriram grandes arruamentos. E só nestes a casa é a célula da arquitetura urbana, à luz de padrões nórdicos. No centro antigo, é o quarteirão, sustentado a cada esquina pelos murais da *madonna*, como se fossem braçadeiras de ferro.

Ninguém se orienta pelos números das portas. Os pontos de referência são as lojas, as fontes e as igrejas. E nem sempre são fáceis de encontrar, pois a igreja napolitana não se ergue, majestosa, numa grande praça, bem visível de longe, com transeptos, coro e cúpula. Fica escondida no meio das outras construções; muitas vezes, as cúpulas altas só são visíveis de certos lugares, e mesmo assim não é fácil descobrir o caminho até lá; é impossível distinguir o volume arquitetônico da igreja do das construções profanas próximas. O forasteiro passa sem dar por ela. A porta sem pretensões, muitas vezes apenas uma cortina, é a entrada secreta para os que a conhecem, e que com um passo apenas se mudam da desordem suja dos pátios para a solidão sem mácula do espaço alto e caiado da igreja. A sua existência privada é o estuário barroco de uma vida pública potenciada, que não se realiza entre quatro paredes, no meio de mulher e filhos, mas na devoção ou no desespero. As travessas estreitas oferecem ao olhar a vista de escadas sujas que descem até às tabernas onde três, quatro homens, separados uns dos outros e sentados atrás de tonéis, como se fossem pilares de igreja, bebem escondidos.

Nesses recantos mal se percebe quais são as partes onde continua a construção e aquelas que já entraram em ruína. Aqui nada é dado como concluído. A porosidade encontra-se não apenas com a indolência do operário do sul, mas sobretudo com a paixão da improvisação. Tem de se prever sempre espaço e ocasião para isso. As casas são usadas como palcos de teatro popular. Todas estão divididas num sem-número de espaços de ação animados em simultâneo. Varanda, átrio, janela, portão, escada, telhado são, ao mesmo tempo, palco e camarote. Até a mais miserável existência é soberana, porque sabe, com uma intuição vaga, que pode intervir duplamente, por um lado na decadência contínua da imagem de uma rua napolitana que nunca é a mesma e, por outro, na sua pobreza, desfrutar da ociosidade, acompanhar o grande panorama. O que se passa nas escadas é a grande escola da encenação: estas, nunca totalmente expostas, mas menos ainda encerradas nas abafadas caixas dos edifícios do Norte, projetam uma parte que sai das casas, fazem uma curva angulosa e desaparecem, para voltarem a emergir.

Também pelos seus materiais a decoração das ruas se assemelha muito à do teatro. O que mais se destaca é o papel. Enxota-moscas vermelhos, azuis e amarelos, altares de papel de lustro nas paredes, rosetas de papel espetadas em pedaços de carne crua. E depois, a engenhosidade dos números de variedades. Alguém ajoelha no asfalto, numa das ruas mais animadas. Desenha na pedra, com giz de cor, um Cristo, e por baixo, por exemplo, a cabeça de uma *madonna*. Entretanto, foi-se formando um círculo à sua volta, o artista levanta-se, e enquanto espera junto da sua obra, um quarto de hora, meia hora, vão caindo escassas moedas contadas sobre os membros, a cabeça e o tronco da sua figura. Até que ele as recolha, as pessoas dispersam e em poucos instantes a imagem desaparece, pisada pelos transeuntes.

Entre tais habilidades, uma das mais típicas é a de comer macarrão com as mãos. Se o estrangeiro estiver disposto a pagar, mostram-lhe como se faz. Há outras coisas com tarifas estipuladas. Os comerciantes pagam um preço fixo pela recolha das pontas de cigarro apanhadas nas fendas do pavimento (antigamente a apanha era feita com lanternas). As pontas de cigarro, juntamente com restos de comida dos restaurantes, cabeças de gato cozidas e amêijoas, são vendidas nas bancas das ruas do porto. Anda música no ar: não a música melancólica dos pátios, mas a música alegre das ruas. O grande carro de mão, uma espécie de xilofone, traz pendurados em toda a volta textos de canções em papéis de cores. Os folhetos vendem-se. Um dos homens dá à manivela, o outro, ao lado, aparece com o prato diante de todos os que param a olhar, sonhadores. Tudo o que é alegre vai circulando: música, brinquedos, sorvetes enchem as ruas.

Essa música é o que ficou do último feriado e a preparação do seguinte. O feriado penetra sem resistência qualquer dia de trabalho. A porosidade é a lei inesgotável e sempre renovada desta vida. Em cada dia útil esconde-se um grãozinho de domingo, e quantos dias úteis num domingo!

No entanto, não há cidade que murche tão depressa como Nápoles nas poucas horas de repouso dominical. Está cheia de motivos festivos aninhados no que há de mais insignificante. Se alguém baixa as persianas da janela, é como se noutro lugar fossem içadas bandeiras. Rapazinhos de cores vivas pescam em riachos de um azul profundo e levantam os olhos para torres de igrejas maquiadas de vermelho. Há cordas que atravessam as ruas, com roupa pendurada como se fossem flâmulas alinhadas. Sóis delicados acendem-se nos recipientes de vidro com bebidas geladas. Dia e noite irradia desses pavilhões a luz de sucos pálidos e aromáticos com os quais a própria língua aprende o que significa a porosidade.

Mas se a política ou o calendário de algum modo forem propícios, todos esses segredos disseminados se fundem numa festa barulhenta. E regularmente ela é coroada com um fogo de artifício sobre o mar. Uma faixa contínua de fogos percorre, entre julho e setembro, a costa entre Nápoles e Salerno. Ora passando por Sorrento, ora por Minori ou Praiano, mas sempre sobre Nápoles, lá estão as bolas de fogo. Aqui, o fogo tem corpo e alma. Sujeita-se a modas e artifícios. Toda a paróquia quer superar a festa da vizinha com novos efeitos de luz.

Nessas ocasiões, o mais antigo elemento originário da China, o milagre meteorológico produzido por foguetes em forma de dragão, revela-se muito superior à pompa telúrica dos sóis que se colam ao chão e do crucifixo ardendo no fogo de Sant'Elmo. Na praia, os pinheiros do Giardino Pubblico formam um claustro. Quando se passa por ali em noite de festa, a chuva de fogo aninha-se nas copas de todas as árvores. Mas também nisso não há nada que faça sonhar. Só com o estalar vem a grande apoteose que ganha os favores do povo. Na Piedigrotta, a principal festa napolitana, esse gosto infantil pelo alarido assume uma feição selvagem. Na noite de 7 para 8 de setembro as ruas enchem-se de bandos que podem chegar a cem pessoas. Sopram por enormes cartuchos de papel com os bocais guarnecidos por máscaras grotescas. Cercam uma pessoa, à força, se não puder ser de outro modo, e o som surdo que sai de um sem-número de tubos vai massacrando os ouvidos. Muitas profissões vivem desse espetáculo. "Roma", "Corriere di Napoli", gritam os meninos jornaleiros em voz estridente que se estende como bala de goma na boca. O seu grito é de manufatura urbana.

O ganha-pão fácil, que encontra em Nápoles o seu terreno natural, ronda os jogos de azar e aposta nos dias de festa. A conhecida lista dos sete pecados capitais atribuía o orgulho a Gênova, a avareza a Florença (os antigos Alemães eram de opinião diferente, e designavam de "florentino" aquilo a que se chamava amor grego), a luxúria a Veneza, a ira a Bolonha, a gula a Milão, a inveja a Roma e a preguiça a Nápoles. A loteria, que aqui atrai e consome como em nenhum outro lugar da Itália, continua a ser a forma de ganha-pão caraterística. Todos os sábados às quatro da tarde uma multidão concentra-se em frente à casa onde é feita a extração dos números. Nápoles é uma das poucas cidades com sorteio próprio. A casa de penhores e a loteria são os meios pelos quais o Estado tem o proletariado na mão: o que lhes concede com uma, volta a retirar-lhes com a outra. A embriaguez mais refletida e liberal do jogo de azar, em que participa toda a família, substitui a do álcool.

E também a vida comercial é absorvida por ela. À esquina de uma rua, um homem em cima de uma charrete desatrelada. Muito povo à sua volta. O assento do cocheiro está levantado, e o vendedor tira dele qualquer coisa que não para de apregoar e recomendar. O produto desaparece antes que alguém o veja dentro de um papelinho cor-de-rosa ou verde. Ele o segura assim, de mão no ar, e em poucos segundos é vendido por uns quantos *soldi*. Um após outro, os embrulhinhos vão sendo despachados com os mesmos gestos misteriosos. Haverá bilhete de loteria nesses papéis? Bolos, com uma moeda em cada dez? O que torna as pessoas tão ávidas, e o homem tão impenetrável como o "Magrebino"[2]? – Está a vender uma pasta de dente.

Para essa forma de fazer negócio, o leilão é insuperável. Quando o vendedor de rua, ao desempacotar a mercadoria às oito da manhã, começa por apresentar ao público cada peça – guarda-chuvas, tecidos para camisas, xales –, desconfiado, como se tivesse ele mesmo de testar primeiro a mercadoria, depois, mais acalorado, pede preços fabulosos e, enquanto volta a dobrar calmamente o grande corte de fazenda que

---

[2] No original "Mograby". Trata-se provavelmente de uma comparação com o gênio da história de Aladim e a lâmpada maravilhosa, das *Mil e Uma Noites*, aí chamado "o Magrebino".

desdobrou e queria vender por quinhentas liras, vai baixando o preço a cada dobra para finalmente, quando ele está todo dobradinho no seu braço, já vendê-lo por cinquenta, só mostra que permaneceu fiel aos mais antigos usos das feiras. Há histórias engraçadas sobre o divertido gosto de regatear dos napolitanos. Numa praça cheia de gente, uma mulher gorda deixa cair o leque. Olha em volta, sem saber o que fazer; é demasiado avantajada para apanhá-lo. Aparece um cavalheiro que se oferece para lhe prestar esse serviço por cinquenta liras. Negociam o preço, e a dama recupera o seu leque por dez.

Que feliz dispersão a deste armazém! Na verdade, aqui tudo se assemelha à barraca de feira: são bazares. Privilegia-se o corredor comprido. Num desses corredores, com cobertura de vidro, há lojas de brinquedos (onde se pode também comprar perfumes e copos de licor) que poderiam figurar ao lado de galerias de contos de fadas. A rua principal de Nápoles, a Toledo, parece uma galeria. É uma das ruas mais movimentadas do planeta. De ambos os lados desta estreita passagem concentra-se, de forma agressiva, rude, sedutora, tudo o que chegou a esta cidade portuária. Só nos contos de fadas existem esses longos alinhamentos que atravessamos sem olhar para a esquerda nem para a direita, se não quisermos tornar-nos presas do diabo. Há um grande armazém, que em geral é, nas grandes cidades, o lugar por excelência das compras, rico e magnético. Aqui, ele é desinteressante, e todo este *bric-à-brac* num espaço apertado lhe é superior. Mas ele reaparece, com uma pequena sucursal – bolas, sabonetes, chocolates –, noutro lugar qualquer entre as pequenas barracas de vendas.

A vida privada é repartida, porosa e híbrida. O que distingue Nápoles de todas as grandes cidades é o que ela tem em comum com o *kral*, a aldeia dos hotentotes: toda atitude e todo ato privados são submergidos pelas ondas do comunitário. Existir é para o europeu do Norte o que há de mais privado; aqui, como na aldeia hotentote, é coisa coletiva.

Assim, a casa é aqui muito menos o abrigo em que se entra do que o inesgotável reservatório de onde se sai. A vida não irrompe apenas de portas. Nem só nos passeios, onde, sentadas em cadeiras, as pessoas fazem o seu trabalho (porque têm a capacidade de transformar o corpo em mesa). Há utensílios domésticos pendurados nas janelas como plantas em vasos. Das janelas dos andares mais altos descem cestos presos a cordas, para receber o correio, a fruta, o carvão.

Tal como a casa se abre para a rua, com cadeiras, fogareiro e altar, assim também, mas com muito mais alarido, a rua invade a casa. Até as mais pobres estão cheias de velas de cera, santos feitos de massa, molhos de fotografias nas paredes e catres de ferro, tal como a rua se enche de carros e carroças, pessoas e luzes. A miséria gerou uma expansão de fronteiras que é o reflexo da mais radiosa liberdade de espírito. Não há horas para dormir e comer, às vezes nem lugar.

Quanto mais pobre o bairro, mais numerosas são as tabernas. Quem pode vai buscar o que precisa aos fogareiros em plena rua. Os mesmos pratos têm gostos diferentes consoante os cozinheiros; não se cozinha ao acaso, mas seguindo velhas receitas experimentadas. A forma como, na menor *trattoria*, peixe e carne são expostos na vitrine para o freguês que os avalia tem segredos que escapam às exigências do conhecedor. Este povo de marinheiros pôs isso à vista no mercado do peixe, um espaço livre de grandiosidade holandesa. Estrelas do mar, caranguejos, polvos saídos da água do golfo, cheia de criaturas estranhas, enchem as bancas e são muitas vezes comidos crus, apenas com umas gotas de limão. Até os mais banais animais da terra firme se tornam fantásticos. Criam-se vacas no quarto e no quinto andar dos prédios de habitação. Os animais nunca descem à rua, e os cascos crescem tanto que eles não podem ficar de pé.

Como se pode dormir em quartos desses? Em todos eles há camas, tantas quantas o espaço permite. Mas se são seis ou sete, o número de moradores é muitas vezes mais do dobro. Por isso se veem crianças na rua à noite, já tarde, à meia-noite ou mesmo às duas da manhã. Ao meio-dia estão a dormir atrás do balcão da loja ou nos degraus de uma escada. Esse sono, que também homens e mulheres recuperam pelos cantos, à sombra, não é o sono protegido do Norte. Também nisso há uma interpenetração de dia e noite, ruído e silêncio, luz exterior e escuridão interior, da rua e da casa.

Isso se vê até nos brinquedos. A *madonna* nas paredes das casas tem tons evanescentes, como as cores pálidas do *Kindl*[3] de Munique. Nas mais modestas lojas de Santa Lucia, o Menino, que ela segura como um cetro, é um boneco de madeira que vem ao nosso encontro

---

[3] O *Kindl* [menino] é o Menino Jesus vestido com um hábito preto e amarelo, de mangas largas, que aparece no emblema de Munique, cujo edifício mais antigo foi um mosteiro.

com o mesmo aspecto rígido, de cueiros, sem um braço ou uma perna. Nesses brinquedos, o esgar grotesco pode aparecer a qualquer momento. Na mãozinha do Menino, também cetro e varinha de condão: assim se perpetua hoje ainda o Salvador bizantino. A parte de trás é de madeira bruta, só a parte da frente é pintada. Vestido azul, ponteado de branco, bainha e faces vermelhas.

Mas o demônio da lascívia infiltrou-se em algumas dessas bonecas, que se veem nas vitrines debaixo de papel de carta barato, pregadores de roupa e ovelhinhas de lata. Nestes bairros superpovoados, as crianças travam depressa conhecimento com o sexo. Mas se a sua proliferação se torna um flagelo aqui ou ali, se um pai de família morre ou a mãe adoece, elas não precisam de parentes, próximos ou afastados. Há sempre uma vizinha que senta à sua mesa uma criança, por muito ou por pouco tempo, e assim as famílias se misturam, em relações que se poderia dizer de adoção. Os cafés são verdadeiros laboratórios desse processo de interpenetração. Neles, a vida não tem tempo de se instalar para estagnar. São espaços abertos e despidos, do tipo dos cafés populares políticos, nos antípodas dos cafés vienenses, literários e reservados à burguesia. Os cafés napolitanos são lugares expeditos. Não é possível ficar muito tempo. Uma xícara de *caffè espresso* a ferver – esta cidade é insuperável nas bebidas quentes, tal como nos sorvetes, nas limonadas e nos sorvetes – despacha de forma delicada o freguês de novo para a rua. As mesas são pequenas e redondas, de um brilho acobreado, e um grupo atarracado e rude hesita à entrada e dá logo meia volta. Só poucas pessoas se sentam aqui, e por pouco tempo. Três movimentos rápidos de mão, e pediram o que queriam.

A linguagem gestual vai muito mais longe aqui do que em qualquer outro lugar da Itália. A conversa é indecifrável para o forasteiro. Os ouvidos, o nariz, os olhos, o peito e os ombros são postos de sinalização que os dedos ocupam. Distribuição que se encontra também na especialização caprichosa do seu erotismo. Gestos solícitos e toques impacientes dão nas vistas ao estrangeiro, com uma regularidade que exclui o acaso. De fato, ele estaria aqui completamente perdido, mas o napolitano, bonachão, manda-o embora. Manda-o para um lugar a alguns quilômetros de distância, de seu nome Mori. "Vedere Napoli e poi Mori", diz um velho gracejo. E o Alemão, corroborando-o, diz: "Ver Nápoles e depois morrer".

Moscou

1.

Mais rapidamente do que Moscou propriamente dita, é Berlim que aprendemos a ver de Moscou. Para alguém que chegue da Rússia, a cidade parece acabada de lavar. Não há sujeira, mas também não há neve. As ruas parecem-lhe na realidade tão desoladamente limpas e varridas como nos desenhos de Grosz.[4] E também a verdade dos seus tipos, próxima da vida, se lhe torna mais evidente. Passa-se com a imagem da cidade e das pessoas a mesma coisa que com a atmosfera intelectual: o novo olhar que sobre ela lançamos é o ganho mais incontestável que se traz de uma estada na Rússia. Podemos conhecer pouco da Rússia – mas aprendemos a ver e a julgar a Europa com o conhecimento daquilo que se passa na Rússia. Essa é a primeira coisa de que o europeu perspicaz se apercebe na Rússia. Por isso, e por outro lado, uma estada aí é para o estrangeiro a mais exata pedra de toque. Obriga todos a escolher um ponto de vista. No fundo, a única garantia de escolher o ponto de vista certo é, de fato, a de já tê-lo escolhido antes de chegar. Só aquele que já se decidiu pode ver o que se oferece na Rússia. Num momento decisivo do acontecer histórico como aquele que o fato "Rússia Soviética", se não instaura, pelo menos evidencia, o que está em discussão não é saber qual realidade é a melhor, nem qual vontade escolheu o melhor caminho. Trata-se apenas de saber qual realidade converge de forma intrínseca com a verdade, qual a verdade que se prepara para convergir com o real. Só quem der uma resposta clara a essas perguntas é "objetivo". Não em relação aos seus contemporâneos (isso é irrelevante), mas em relação ao que acontece (isso é decisivo). Só aquele que, na decisão tomada, fez com o mundo uma paz dialética está em condições de apreender o concreto. Mas quem quiser decidir-se "de acordo com os fatos", verá esses fatos negarem-lhe o seu acordo. – Quem regressa descobre sobretudo uma coisa: Berlim é uma cidade deserta. As pessoas e os grupos que se encontram nas suas ruas têm a solidão à sua volta. O luxo berlinense parece ser inefável. E começa logo no asfalto: a largura dos passeios é principesca, estes

---

[4] O dadaísta Georg Grosz (1893-1959) dá, nos seus desenhos e aquarelas satíricos, uma imagem crítica da cidade e da sociedade berlinenses, em particular na série intitulada "O rosto da classe dominante".

fazem do mais pobre Zé Ninguém um grande senhor que passeia no terreiro do seu palácio. As ruas de Berlim são principescamente desertas, principescamente solitárias. E não apenas na parte ocidental.[5] Em Moscou há três ou quatro lugares onde se avança sem aquela estratégia e aquela arte de empurrar e de se encolher, que se aprende nas primeiras semanas (em simultâneo com a técnica de andar sobre o gelo das ruas). Quando se chega à avenida Stoleschnikov, respira-se fundo: aqui, finalmente, podemos parar sem perigo diante das vitrines e continuar o caminho sem ter de entrar naquele movimento sinuoso e arrastado a que os passeios estreitos habituaram a maior parte das pessoas. Mas que vida abundante a desta artéria, invadida não apenas por pessoas, e como Berlim é deserta e vazia a seu lado! Em Moscou, as mercadorias irrompem por toda parte das casas, estão penduradas em vedações, encostadas a gradeamentos, espalhadas pelo pavimento. A cada cinquenta passos há mulheres vendendo cigarros, mulheres vendendo fruta, mulheres vendendo doces. Têm o cesto da roupa com as mercadorias a seu lado, por vezes também um pequeno trenó. Um pano colorido de lã protege as maçãs ou as laranjas do frio, duas amostras ficam em cima. Ao lado, figurinhas em açúcar, nozes, bombons. Dir-se-ia que uma avó procurou em casa, antes de sair, tudo aquilo que lhe serviria para fazer uma surpresa aos netos. E agora parou um momento à beira da rua para descansar. As ruas de Berlim não conhecem estas sentinelas com trenós, sacos, carrinhos e cestos. Comparadas com as de Moscou, são como um velódromo vazio e recentemente varrido, no qual rola desesperadamente um pelotão da corrida-dos-seis-dias.[6]

2.

A cidade parece oferecer-se a quem chega logo na estação. Quiosques, lâmpadas de arco, blocos de casas cristalizam em figuras que nunca se repetem. Mas tudo isso se dispersa quando procuro nomes. Tenho de

---

[5] Benjamin refere-se aos bairros elegantes de Berlim, perto do Tiergarten, onde passou a sua infância. Ver também os textos sobre lugares particulares da cidade em *Rua de mão única/Infância berlinense: 1900* (Autêntica, 2013).

[6] Trata-se da prova ciclística "Corrida dos Seis Dias", criada em Berlim há 103 anos, e que depois se generalizou a outras cidades alemãs, como Colônia ou Munique. Uma das primeiras apropriações literárias deste tema é a peça do expressionista alemão Georg Kaiser *Von morgens bis mitternachts* (De manhã à meia-noite), contemporânea de Benjamin (publicada em 1916).

desandar daqui... A princípio não se vê mais nada senão neve, a suja, que já assentou arraiais, e a limpa, que vem vindo lentamente. Logo à chegada começa a fase infantil. É preciso reaprender a andar sobre a grossa camada de gelo destas ruas. A selva das casas é tão impenetrável que o olhar só se apercebe daquilo que o encandeia. Um painel luminoso com a inscrição "Kefir"[7] brilha na noite. Guardo-o na memória como se a Tverskaia, a velha rua para Tver,[8] na qual estou agora, ainda fosse verdadeiramente uma estrada e como se à volta, até onde a vista alcança, só houvesse a grande planície. Antes de descobrir a verdadeira paisagem de Moscou, antes de ver o seu verdadeiro rio, antes de encontrar os seus verdadeiros pontos altos, cada calçada é já para mim um rio disputado, cada número de porta um sinal trigonométrico e cada uma das suas gigantescas praças um lago. Só pelo fato de aqui cada passo que se dá pisar um lugar com nome. E quando surge um desses nomes, logo a fantasia constrói todo um quarteirão à volta desse som. Isso irá resistir ainda muito tempo à realidade que vem depois, e ficará nela embebido como uma muralha rígida de vidro. Nos primeiros tempos, a cidade tem ainda centenas de barreiras. Mas um dia o portal, a igreja, que eram a fronteira de uma zona, transformam-se no seu centro. Agora, a cidade transforma-se num labirinto para o neófito. Uma esquina junta ruas que ele imaginava muito distantes, como a mão do cocheiro os cavalos de uma parelha. Só um filme poderia dar conta de todas as armadilhas topográficas em que ele cai: a grande cidade defende-se dele, mascara-se, foge-lhe, intriga-o, atrai-o para que percorra os seus círculos até ao esgotamento. (Isso pode resolver-se a princípio de forma muito prática: em alta temporada deveriam exibir nas grandes cidades "filmes de orientação" para os estrangeiros.) Mas no fim os mapas e as plantas acabam por vencer: à noite, na cama, a imaginação faz os seus jogos com edifícios, parques e ruas verdadeiros.

3.

A Moscou invernal é uma cidade silenciosa. A intensa movimentação das ruas decorre sem ruído, devido à neve. Mas também devido à natureza arcaica da circulação. A sinalização de trânsito domina a

---

[7] O *Kefir* é um licor fermentado, à base de leite.
[8] A rua Tverskaia é hoje a rua Gorki, e a localidade de Tver passou a chamar-se Kalinine a partir de 1933.

orquestra da grande cidade. Mas em Moscou há ainda poucos carros. São utilizados apenas em casamentos e funerais, ou para acelerar o exercício do poder. É certo que à noite acendem faróis mais fortes do que seria permitido em qualquer outra grande cidade. E os cones de luz são tão ofuscantes que quem por eles é apanhado fica paralisado, sem poder se mexer. Em frente ao portão do Kremlin, as sentinelas, de pé e numa luz cegante, ostentam as suas peles de uma cor agressiva amarelo-ocre. Por cima delas brilha o sinal vermelho que regula as entradas e saídas. Todas as cores de Moscou convergem aqui em prisma, no centro do poder russo. Os feixes de luz dos potentes faróis atravessam a escuridão. Os reflexos assustam os cavalos do batalhão de cavalaria, que tem no Kremlin um grande campo de manobras. Os pedestres abrem caminho entre os automóveis e os cavalos insubmissos. Longas filas de trenós que levam cargas de neve. Um ou outro cavaleiro. Bandos mudos de corvos instalaram-se na neve. O olhar está infinitamente mais ocupado que o ouvido. As cores destacam-se ao máximo contra o fundo branco. O menor farrapo de cor brilha à luz do dia. Sobre a neve há livros ilustrados; Chineses vendem leques de papel artisticamente decorados, e mais ainda dragões de papel em forma de peixes exóticos das profundezas. Todos os dias se organizam festas infantis. Há homens com cestos cheios de brinquedos de madeira, carrinhos e pás; os carros são amarelos e vermelhos, as pás das crianças amarelas ou vermelhas. Todos esses apetrechos esculpidos e construídos em madeira são mais simples e mais sólidos que na Alemanha, a sua origem camponesa é claramente visível. Certa manhã damos, no passeio, com minúsculas casas nunca vistas, de janelas cintilantes e uma cerca à frente: brinquedos de madeira do governo de Vladimir. Isso significa que chegou uma nova remessa de mercadorias. Artigos de primeira necessidade, em geral sérios e sóbrios, tornam-se mais ousados no comércio de rua. Um vendedor de artigos de vime com mercadoria muito variada – colorida, como a que se pode comprar por toda parte em Capri, cestos duplos com asas e motivos quadrados austeros – leva na ponta da sua vara gaiolas de papel de lustro com pássaros em papel de lustro lá dentro. Mas também se pode encontrar um papagaio real, uma arara branca. Na Miassnitskaia uma mulher vende roupa íntima, com o seu pássaro acocorado no tabuleiro ou no ombro. O fundo pitoresco para tais animais temos de procurá-lo noutro lugar, no canto dos fotógrafos. Sob as árvores despidas das avenidas há guarda-ventos com palmeiras, escadarias de mármore ou cenas dos mares do sul. E há outra coisa que aqui lembra o Sul, a diversidade desordenada do comércio de rua. Pomada e artigos de papelaria, toalhas de mão, trenós de brincar, balanços para crianças, roupa de senhora, pássaros empalhados, cabides para ternos – tudo invade a rua, como se o termómetro não marcasse 25° abaixo de zero, mas estivéssemos em pleno verão napolitano. Durante muito tempo foi para mim um mistério um homem que tinha à sua frente uma pequena mesa toda cheia de letras. Imaginei que fosse um adivinho, até que consegui ver qual era o seu negócio: vi-o vender duas das suas letras e prendê-las às galochas de um freguês que queria ter aí as suas iniciais. Depois, havia os trenós largos, com três compartimentos, para amendoins, avelãs e *zemitschki* (sementes de girassol, que agora, depois de um decreto dos sovietes, já não se podem mastigar em público). Taberneiros concentram-se à volta da Bolsa de Emprego, vendendo bolos quentes e rodelas de salsicha frita. Mas tudo isso se passa em silêncio; os pregões que conhecemos dos vendedores do Sul são aqui desconhecidos. É mais frequente as pessoas dirigirem-se aos transeuntes num tom discreto, quando não ciciado, que tem qualquer coisa da humildade do pedinte. Só uma casta percorre as ruas ruidosamente, a dos trapeiros com os seus sacos às costas; o seu pregão melancólico ouve-se uma ou mais vezes por semana em todos os bairros. O comércio uma ou mais vezes por semana em todos os bairros. O comércio de rua é em parte ilegal e evita, por isso, dar nas vistas. Mulheres oferecem aos transeuntes, em cima de um montinho de palha, um pedaço de carne crua na mão aberta, uma galinha, um presunto. São vendedoras sem licença. Pobres demais para pagar a taxa de uma banca e sem tempo para passarem várias horas numa repartição à espera de uma concessão semanal. Se aparece um miliciano, põem-se simplesmente a andar dali. O comércio de rua tem o seu ponto alto nos grandes mercados, na Smolenskaia e no Arbat. E na Sukarevskaia. Este mercado famoso fica debaixo de uma igreja que se eleva com as suas cúpulas azuis por cima das barracas. Primeiro, passa-se pelo bairro dos ferros-velhos. A mercadoria é simplesmente exposta na neve. Encontram-se aí velhas fechaduras, metros, ferramentas, utensílios de cozinha, material eletrotécnico. Fazem-se reparações no local; vi alguém soldando com um maçarico. Assentos não há, em lugar nenhum, todo mundo está de pé, conversa ou negocia. Nesse mercado descobrimos a função arquitetônica da mercadoria: panos e fazendas formam pilastras e colunas; sapatos, *valienki*,[9] alinhados e pendurados por cordões sobre as mesas, fazem vezes de teto das barracas; grandes *garmoschkas* (acordeões) formam muros sonoros, de certo modo muros de Mémnon.[10] Não sei se nas poucas bancas com imagens de santos se poderão ainda comprar às escondidas aqueles estranhos ícones já proibidos no tempo dos czares. Entre eles havia imagens da mãe de Deus com três mãos, meio nua. Do umbigo sai uma mão forte e bem formada. À esquerda e à direita, as outras duas abrem-se no gesto da bênção. A tríade dessas mãos é vista como símbolo da Santíssima Trindade. Outra imagem de devoção mostrava a mãe de Deus com o ventre aberto; mas em vez de entranhas saem dele nuvens, e no meio dança o Menino Jesus com um violino na mão. Como o ramo comercial dos ícones se integra no do papel e das imagens, essas barracas com as imagens santas encontram-se ao lado das dos artigos de papelaria, e por isso estão ladeadas de retratos de Lênin por todo lado, como um preso escoltado por dois guardas. A vida nas ruas nem de noite para completamente. Em portais escuros damos de cara com peles grandes como casas. São guardas-noturnos, sentados nas suas cadeiras, das quais se levantam pesadamente de vez em quando.

4.

No cenário de rua de qualquer bairro proletário as crianças são importantes. São mais numerosas aí do que nos outros, e movimentam-se de forma mais decidida e ativa. Em Moscou, é um formigar de crianças em todos os bairros. Já entre elas existe uma hierarquia comunista. À cabeça estão os *komsomols*, mais velhos. Têm os seus clubes em todas as cidades e são a verdadeira descendência formada na escola do partido. Os mais novos tornam-se – aos seis anos – "pioneiros". Também eles estão organizados em clubes e usam, como emblema de que se orgulham, uma gravata vermelha. Por fim, os *Oktjabr* (os "outubros"), também chamados "Lobos", são os bebês, a partir do momento em que começam a apontar e a reconhecer o retrato de Lênin. Mas continuam a encontrar-se os *besprizornye*, os jovens entregues à sua decadência e à sua tristeza sem nome. Durante o dia vemo-los quase sempre sós;

---

[9] Botas de feltro tipicamente russas.

[10] Um dos colossos de pedra de Tebas, no Egito, que cantava ao nascer do dia.

cada um segue o seu próprio trilho de guerra. Mas à noite juntam-se em grupos em frente às fachadas cruamente iluminadas dos cinemas, e avisam-se os forasteiros de que não é recomendável encontrar-se com esses bandos fora de horas em lugares escuros. Para conseguir enquadrar esses jovens completamente entregues a si próprios, desconfiados e amargos, os educadores não têm outro remédio senão descerem eles mesmos à rua. Em todas as áreas administrativas de Moscou existem já há anos "Casas da criança", sob orientação de uma funcionária que raramente tem mais do que um ajudante. A sua tarefa, que resolverá como melhor puder e souber, é a de se aproximar das crianças da área. Distribui-se comida, organizam-se jogos. A princípio aparecem vinte ou quarenta; mas se uma diretora souber fazer bem as coisas, ao fim de quinze dias o lugar pode estar cheio com centenas de crianças. É claro que os métodos pedagógicos tradicionais não poderiam dar bons resultados com essas hordas de crianças. Para poder chegar até elas e ser ouvido, é preciso aderir às palavras de ordem da própria rua, de toda a vida coletiva, o mais intensa e claramente possível. Na organização de tais bandos, a política não é uma questão de tendência, mas um objeto de ocupação e um material educativo tão evidentes como a loja ou o quarto das bonecas para as crianças burguesas. Se tivermos ainda presente que uma diretora tem de vigiar as crianças oito horas por dia, ocupá-las, alimentá-las, e para além disso ainda fazer a contabilidade de todas as despesas com leite, pão e materiais, se pensarmos em tudo o que ela tem a seu cargo, torna-se claro que um trabalho desses não deixa muito tempo livre para a vida privada de quem o exerce. No meio de todas as imagens de uma miséria infantil ainda não superada, quem prestar atenção reparará que o orgulho do proletário emancipado se encontra com a atitude emancipada das crianças. Nada é mais surpreendente e mais agradável, numa visita de estudo a um museu de Moscou, do que ver como crianças e proletários se movimentam com toda naturalidade pelas salas, em grupos, por vezes à volta de um guia, ou isolados. Nada aqui lembra o triste desalento dos poucos proletários que nos nossos museus mal ousam mostrar-se aos outros visitantes. Na Rússia, o proletariado começou de fato a apropriar-se da cultura burguesa; no nosso país tal empresa leva-o a sentir-se como se estivesse a planejar um assalto e roubo. É certo que em Moscou se encontram coleções com as quais operários e crianças rapidamente podem se sentir familiarizados e à vontade.

Temos o Museu Politécnico, com os seus muitos milhares de amostras, aparelhos, documentos e modelos sobre a história da indústria pesada e transformadora. Temos o Museu do Brinquedo, com uma direção exemplar, que reuniu, com o seu diretor Bartram, uma preciosa e instrutiva coleção de brinquedos russos, ao serviço dos pesquisadores e das crianças, que passam horas deambulando por aquelas salas (perto do meio-dia há um grande espetáculo gratuito de marionetes, sem igual a não ser num outro, do Luxemburgo). Temos a célebre Galeria Tretiakov, o único lugar onde se percebe verdadeiramente o que é a pintura de gênero e como ela se ajusta bem precisamente aos Russos. O proletário encontra aí temas da história do seu movimento: "Um conspirador surpreendido pela polícia", "Regresso de um deportado da Sibéria", "A pobre governanta entra para o serviço na casa de um abastado comerciante". E o fato de tais cenas serem pintadas no mais puro espírito da pintura burguesa não só não as prejudica, como também as aproxima mais do público. A educação artística, como Proust por vezes dá a entender muito bem, não se fomenta apenas através da contemplação de "obras-primas". Pelo contrário, para a criança ou o proletário em formação, uma obra de arte, e com razão, é qualquer coisa de muito diferente do que é para um colecionador. Tais quadros têm para o proletário um significado provisório mas decisivo, e um critério mais rigoroso só é necessário para as obras atuais que se relacionam com ele, com o seu trabalho e a sua classe.

5.

A mendicância não é agressiva, como no Sul, onde a impertinência do maltrapilho trai ainda um resto de vitalidade. Aqui, trata-se de uma corporação de moribundos. As esquinas de alguns bairros estão ocupadas com montes de farrapos – camas do grande hospital ao ar livre chamado "Moscou". As pessoas são abordadas com longos discursos suplicantes. Um dos mendigos, quando se aproxima um transeunte de quem ele espera alguma coisa, começa por soltar um interminável queixume em voz baixa, dirigido aos estrangeiros que não sabem russo. Um outro assume exatamente a postura do pobre para quem S. Martinho, em quadros antigos, corta a sua capa com a espada. Está ajoelhado com ambos os braços estendidos. Pouco antes do Natal, todos os dias se viam, sentadas na neve, duas crianças junto ao muro do Museu da Revolução, vestidas com trapos e choramingando (mas diante do Clube Inglês, o mais distinto de Moscou, ao qual esse edifício pertencia antes, nem isso lhes seria permitido). Seria bom conhecer Moscou como essas crianças. Elas sabem que a determinada hora, numa determinada loja, podem se aquecer num canto junto à porta durante dez minutos; sabem onde ir buscar sobras de pão a uma certa hora num certo dia da semana e onde encontrar um lugar para dormir em tubos de canalização empilhados. Levaram a mendicância ao nível de uma grande arte, com centenas de esquemas e variantes. Observam em certas esquinas os fregueses de uma pastelaria, abordam os compradores e acompanham-nos, gemendo e suplicando, até que algum lhes dê um bocado do seu bolo quente. Outros têm a sua base numa estação terminal dos bondes, entram num carro, cantam uma canção e recolhem uns *kopecks*. E há lugares, não muitos, é certo, onde até o comércio de rua tem esse ar de mendicância. Alguns mongóis estão encostados ao muro do Kitai Gorod,[11] a uma distância não superior a cinco passos uns dos outros, e vendem pastas de couro. Cada um oferece um artigo que é exatamente igual ao do companheiro. Tem de haver entre eles algum acordo, porque não podem levar a sério uma concorrência tão absurda como aquela. O inverno não é provavelmente menos rigoroso no lugar de onde vêm, e também as suas peles esfarrapadas não serão piores que as dos nativos. No entanto, são os únicos em Moscou de quem as pessoas têm pena por causa do clima. Existem até padres que andam a pedir para a sua igreja. Mas é raro alguém dar alguma esmola. A mendicância perdeu a sua mais forte base, a má consciência social, que abre bem mais os bolsos do que a compaixão. De resto, parece haver uma coisa que é a expressão da miséria imutável desses pedintes, ou talvez seja apenas o resultado de uma organização inteligente: entre todas as instituições de Moscou, essas são as únicas em que se pode confiar, que defendem invariavelmente as suas posições, enquanto à sua volta tudo se desloca.

6.

Cada pensamento, cada dia e cada vida se encontram aqui como sobre a mesa de um laboratório. E, como se fossem um metal do qual se tem de extrair por todos os meios uma substância desconhecida, eles têm de se submeter a todas as experiências até a exaustão. Não

---

[11] Em russo, "cidade chinesa". Antigo bairro de comerciantes, a leste do Kremlin.

há organismo nem organização que se possam furtar a esse processo. Reagrupam-se, transferem-se, mudam-se de lugar os funcionários nas empresas, as repartições nos edifícios, os móveis nas habitações. Nos clubes apresentam-se, como em estações de ensaios, as novas cerimônias para o batismo e o casamento. Os regulamentos alteram-se todos os dias, mas também os pontos de parada dos bondes se mudam, lojas se transformam em restaurantes e algumas semanas mais tarde em escritórios. Essa espantosa organização experimental – aqui chamam de *remonte*[12] – não se limita a Moscou, abarca toda a Rússia. Em toda essa paixão há tanto de vontade ingênua de fazer coisas boas como de curiosidade e fantasia sem limites. Poucas coisas definem de forma mais forte a Rússia. O país está mobilizado dia e noite; à frente de tudo, naturalmente, o partido. De fato, o que distingue o bolchevique, o comunista russo, dos seus camaradas ocidentais é essa disponibilidade absoluta para a mobilização. A base da sua existência é tão estreita que ele está sempre pronto a mudar de vida a qualquer momento. De outro modo, não aguentaria uma vida assim. Onde é que se poderia conceber que um belo dia um militar com créditos firmados assumisse a direção de um grande teatro estatal? O atual diretor do Teatro da Revolução é um antigo general. É certo que escrevia antes de se tornar um cabo de guerra vitorioso. Ou em que outro país seria possível ouvir histórias como a que me contou o *chveitsar*[13] do meu hotel? Até 1924 trabalhou no Kremlin. Um dia, porém, começou a ter fortes dores ciáticas. O partido mandou-o tratar-se com os seus melhores médicos, enviou-o para a Crimeia, submeteu-se a banhos de lodo e radioterapia. Como tudo isso não resultava, disseram-lhe: "O senhor precisa de um lugar que lhe exija pouco esforço, onde possa estar quente e sem fazer movimentos". No dia seguinte era porteiro de hotel. Quando se curar volta ao Kremlin. Afinal, a saúde dos camaradas é, antes de mais nada, um bem muito precioso do partido, que, consoante o caso e independentemente da pessoa, determina o que lhe parece necessário para a sua conservação. É assim que pelo menos Boris Pilnjak o apresenta numa das suas excelentes novelas.[14] Um alto funcionário é submetido, contra

---

[12] Em russo, termo militar que significa "reparação", "reforma".
[13] Em russo, "o Suíço". O nome designa o *boy* do hotel.
[14] Trata-se do "Conto da Lua inextinguível" (1926). Benjamin alude ao caso do general Frounzé (1885-1925), comandante da Academia Militar de Moscou, submetido a uma cirurgia por ordem de Stálin.

sua vontade, a uma intervenção que acaba por ser fatal. (Fala-se neste caso de um nome muito célebre entre os mortos dos últimos anos.) Não há conhecimento nem aptidão que não seja de algum modo apropriado e posto ao seu serviço pela vida coletiva. O *spets* – é este o nome que geralmente se dá ao especialista – é um modelo da atitude objetiva e o único cidadão que representa alguma coisa fora do campo da ação política. O respeito por esse tipo de homem beira por vezes o fetichismo. Assim, foi nomeado professor da Academia Militar Vermelha um general suspeito pelo seu comportamento durante a guerra civil. Mandava enforcar sumariamente todos os prisioneiros bolcheviques. Para um europeu é praticamente incompreensível tal ponto de vista, que subordina sem contemplações o prestígio da ideologia a critérios realistas. Mas o incidente é também significativo para o campo oposto. Como se sabe, não foram apenas militares do regime czarista que se colocaram ao serviço dos bolcheviques. Também os intelectuais regressam pouco a pouco, como especialistas, aos postos que sabotaram durante a guerra civil. Uma oposição como a que gostaríamos de ter no Ocidente – uma intelectualidade marginal que sofre sob o jugo do poder – é coisa que não existe, ou melhor, já não existe. Ou assinou – ainda que com algumas reservas – um armistício com os bolcheviques, ou foi aniquilada. Não existe na Rússia – precisamente fora do partido – outra oposição a não ser a mais leal. Ninguém sente mais o peso desta nova vida do que o observador que está de fora. É impossível suportar esta existência fazendo vida ociosa, porque ela é bela e compreensível nos mais ínfimos dos seus pormenores apenas no plano do trabalho. A inscrição de pensamentos próprios num campo de forças predeterminado, um mandato, ainda que hipotético, o contato organizado e garantido com os camaradas – esta vida está de tal modo tão ligada a coisas destas que quem delas prescinda ou não seja capaz de consegui-las definha intelectualmente como um prisioneiro ao fim de vários anos na solitária.

7.

O bolchevismo acabou com a vida privada. A burocratização, a atividade política e a imprensa são tão poderosas que não resta tempo para interesses que não coincidam com elas. Nem tempo nem espaço. As casas que antes acolhiam uma única família nas suas cinco a oito divisões alojam agora oito. Atravessando a porta do vestíbulo entra-se numa pequena cidade. Muitas vezes também num acampamento. Há camas logo no átrio. Só há espaço para acampar entre quatro paredes, e muitas vezes o parco inventário é apenas o que restou dos bens da pequena burguesia, agora ainda mais deprimentes, porque o quarto está miseravelmente mobilhado. Mas o estilo de decoração pequeno-burguês tem de ser completo: tem de haver quadros nas paredes, almofadas nos sofás, cobertas sobre as almofadas, bibelôs nos aparadores, vidros coloridos nas janelas. (Tais quartos pequeno-burgueses são campos de batalha pelos quais passou o ataque vitorioso aos bens do capital; nada de humano pode já crescer aí.) De tudo isso, só um ou outro objeto se consegue obter, sem possibilidade de escolha. Todas as semanas os móveis são mudados de lugar nesses quartos despidos – é o único luxo que se podem permitir com eles, e ao mesmo tempo um processo radical de pôr fora de casa o "conforto" – e a melancolia, que é o preço por que ele se faz pagar. As pessoas suportam a existência dentro dessas casas porque o seu modo de vida as afastou dela. O lugar onde vivem é a repartição, o clube, a rua. Aqui encontramos apenas o grosso do exército móvel de funcionários. O número de divisões teve de ser aumentado por meio de cortinas e tabiques, muitas vezes apenas até meia altura do pé direito. A lei concede a cada cidadão apenas treze metros quadrados de área de habitação, e a renda é paga em função do rendimento. O Estado – toda propriedade imobiliária foi nacionalizada – cobra aos desempregados, para a mesma área, apenas um rublo por mês, enquanto os mais abastados pagam sessenta ou mais. Quem quiser ter mais espaço do que o previsto terá de pagar um múltiplo dessa importância, a não ser que prove necessitar dele por razões profissionais. Qualquer desvio do caminho traçado esbarra com um aparelho burocrático imprevisível e custos incomportáveis. Os membros dos sindicatos que apresentem um atestado de doença e percorram as instâncias legais previstas podem ser internados no mais moderno sanatório, ir para as termas da Crimeia, desfrutar de dispendiosos tratamentos de radioterapia, sem terem de gastar um centavo. Quem estiver de fora pode ir mendigar e cair na miséria, se, como membro da nova burguesia, não tiver condições de comprar tudo isso por milhares de rublos. Qualquer coisa que não tenha o seu fundamento no quadro coletivo exige um dispêndio de forças desproporcionado. Por essa razão, o conceito de "intimidade do lar" é totalmente desconhecido aqui. Mas também não há cafés. Foram abolidos o comércio livre e a livre inteligência, pelo que os cafés perderam o seu público. Para a resolução de todos os assuntos, mesmo os mais privados, restam apenas as repartições e os clubes. Mas aqui os negócios são conduzidos sob o signo do novo *byt*[15] – deste novo enquadramento, para o qual só existe a função daquele que produz para a coletividade. Os novos Russos dizem que o meio social é o único educador com o qual se pode contar.

8.

Qualquer cidadão de Moscou tem os dias preenchidos ao máximo. Reuniões e comissões são marcadas a qualquer hora nas repartições, nos clubes, nas fábricas, muitas vezes não têm lugar próprio para se realizarem e fazem-se no canto de uma redação de jornal barulhenta ou em volta da mesa desviada de uma cantina. Existe uma espécie de seleção natural e uma luta pela sobrevivência nessas assembleias. De certo modo, é a sociedade que as cria, as planeja, as convoca. Mas quantas vezes elas têm de se repetir até que uma delas seja bem-sucedida, viável, adequada e se realize! Nada acontece como estava planejado e se esperava que acontecesse; e esta banal expressão da realidade da vida reclama aqui os seus direitos de forma tão absoluta e intensa em cada caso concreto que facilmente se compreende o fatalismo russo. Na medida em que se torna necessário contar lentamente com os desenvolvimentos civilizacionais na vida coletiva, a princípio isso só vai complicar as coisas. (Vive-se melhor numa casa onde só há velas do que noutra com instalação eléctrica, porque a central de energia tem problemas a toda hora.) Nem na capital da Rússia se encontra uma sensibilidade ao valor do tempo, apesar de toda a "racionalização". O *Trud*, Instituto Sindical das Ciências do Trabalho, lançou, sob orientação do seu diretor Gastiev, uma campanha com cartazes apelando à pontualidade. Desde então, muitos relojoeiros se instalaram em Moscou. Concentram-se, como se fossem uma guilda medieval, em determinadas ruas, na Kusnetzki Most, na Uliza Gerzena. Perguntamo-nos quem, de fato, precisa deles. "Tempo é dinheiro": nos cartazes reclama-se a autoridade de Lênin para essa espantosa frase, de tal modo o que ela exprime é estranho aos Russos. Perdem tempo com tudo. (Poderia dizer-se que os minutos são uma zurrapa que nunca os satisfaz, que eles se embriagam com o tempo.) Quando

---

[15] *Byt*: o verbo russo para "ser", existência.

se roda na rua uma cena para um filme, esquecem-se das razões por que estão ali e para onde vão, seguem as filmagens durante horas e regressam muito agitados ao serviço. No que se refere ao uso do tempo, o asiático continuará por muito tempo a ser "asiático". Um dia tinha de me levantar às sete horas: "Amanhã, bata à minha porta às sete, por favor". Esse simples pedido provocou no *chveitsar* – é o nome que dão aqui aos *boys* do hotel – o seguinte monólogo digno de Shakespeare: "Se nos lembrarmos, acordaremos o senhor, mas se não nos lembrarmos não acordamos. Na verdade, quase sempre nos lembramos, e então o acordamos. Mas é claro que às vezes também nos esquecemos, quando não nos lembramos. E então não vamos acordá-lo. É que não somos obrigados a isso, mas se nos lembrarmos a tempo, então o acordamos. A que horas é que deseja ser acordado? Às sete? Então vamos anotar a hora. Está vendo? Coloco o papel aqui, e ele vai encontrá-lo. Naturalmente que se ele não o encontrar não vai acordá-lo. Mas a maior parte das vezes acordamos os hóspedes, com certeza". – A unidade de tempo aqui é o *sitchass*, que significa "imediatamente". Dependendo dos casos, podemos ouvir essa palavra como resposta dez, vinte, trinta vezes, e esperar horas, dias ou semanas até que o prometido se concretize. E do mesmo modo não se recebe facilmente uma resposta de "não". A recusa é deixada ao trabalho do tempo. Assim sendo, as catástrofes e as colisões do tempo estão na ordem do dia, tal como a *remonte*. Preenchem ao máximo cada hora, fazem de cada dia um tempo esgotante e de cada vida um instante.

9.

A viagem de bonde em Moscou é acima de tudo uma experiência tática. É talvez nessa situação que o neófito aprende pela primeira vez a ajustar-se ao estranho movimento desta cidade e ao ritmo da sua população de camponeses. Uma viagem de bonde é também um microcosmo que espelha essa experiência da história universal na nova Rússia, que é a do encontro entre o funcionamento da técnica e formas de existência primitivas. As condutoras estão sentadas no seu lugar, envolvidas em peles como mulheres samoiedas no seu trenó. Encontrões, apertos, novos encontrões, quando se sobe para um bonde as mais das vezes já apinhado, tudo isso decorre em silêncio e com toda cordialidade. (Nunca, em tais ocasiões, ouvi uma palavra insultuosa.) Depois de entrarmos é que a peregrinação começa a sério.

Os vidros congelados nunca permitem saber exatamente onde se encontra o carro. E se sabemos, isso também de pouco serve, porque o caminho até a saída está atravancado por um monte de gente. Como se entra atrás, mas a saída é à frente, temos de ir abrindo caminho através dessa massa de gente. O transporte, aliás, faz-se a maior parte das vezes por fornadas: em certas paragens mais importantes, o bonde fica quase vazio. Como se vê, até o transporte público em Moscou é um fenômeno de massas. E de repente damos com verdadeiras caravanas de trenós a barrar uma rua, porque cargas que exigiriam um caminhão são transportadas em cinco ou seis grandes trenós. Os trenós aqui pensam primeiro no cavalo, e só depois no passageiro. Não há qualquer lugar para o supérfluo. Um saco de ração para o cavalo, uma manta para o passageiro – e é tudo. O banco estreito só tem lugar para um, e como não há braços de apoio (se não quisermos dar esse nome a uma borda baixa), nas curvas mais bruscas temos de nos equilibrar bem. Tudo está pensado para tornar a viagem o mais rápida possível; não se aguentam viagens longas neste frio, e as distâncias nesta aldeia gigantesca são infinitas. O *izvochtchik*[16] conduz rente ao passeio. O passageiro não está sentado mais alto, não vê mais que todos os outros e roça com as mangas nos transeuntes. Também esta é uma experiência incomparável para o sentido do tato. Enquanto os europeus, num percurso rápido, têm uma sensação de superioridade e domínio da multidão, o moscovita, no pequeno trenó, mistura-se totalmente com as outras pessoas e as coisas. E se tiver consigo uma caixa, uma criança ou um cesto – e o trenó é o meio de locomoção mais acessível –, então fica verdadeiramente entalado no movimento da rua. Nem um olhar de cima: um roçar rápido e leve por pedras, pessoas e cavalos. Sentimo-nos como uma criança a deslizar pela casa no seu andarilho.

10.

O Natal é uma festa da floresta russa, que se estende durante semanas pelas ruas com abetos, velas, decorações. A época do Advento dos cristãos ortodoxos gregos coincide com o Natal daqueles Russos que celebram a festa segundo o calendário ocidental, o novo calendário oficial. Em nenhum outro lugar se veem decorações de árvores tão belas. Barquinhos, pássaros, peixes, casas e frutos amontoam-se nos

---

[16] O cocheiro, condutor do trenó.

lugares de venda dos vendedores ambulantes e nas lojas, e o Museu Kustarny de arte popular organiza todos os anos por essa época uma espécie de feira-exposição de todos esses artigos. Encontrei num cruzamento uma mulher que vendia enfeites para as árvores de Natal. As bolas de vidro, amarelas e vermelhas, brilhavam ao sol; era como uma cesta mágica de maçãs, em que o vermelho e o amarelo se dividiam em frutos diferentes. Os pinheiros atravessam as ruas em trenós baixos. Os menores são enfeitados apenas com laços de seda; nas esquinas veem-se pinheiros com pequenas tranças azuis, cor-de-rosa e verdes. Mas, mesmo sem Papai Noel, os brinquedos desta quadra dizem às crianças que vêm do mais fundo da floresta russa. É como se a madeira verdejasse apenas entre mãos russas. Verdeja – e avermelha-se e reveste-se de ouro, fica azul celeste e cristaliza no negro. "Vermelho" e "belo" são em russo uma e a mesma palavra. Na verdade, a lenha a arder no fogão é a mais maravilhosa transformação da floresta russa. Em nenhum outro lugar as brasas na chaminé parecem arder de maneira tão esplendorosa como aqui. Mas todas as madeiras que o camponês entalha e pinta ficam igualmente em brasa. E quando o verniz finalmente as recobre, é como fogo congelado em todas as cores. Amarelo e vermelho na balalaica, preto e verde na pequena *garmoschka*[17] para crianças e toda a paleta de cores nos trinta e seis ovos todos metidos uns dentro dos outros. Mas na madeira vive também a noite da floresta. Há também aquelas caixinhas pesadas com o interior vermelho escarlate, e por fora uma imagem sobre fundo preto brilhante. Essa atividade estava praticamente em extinção na época czarista. Agora, ao lado de novas miniaturas, aparecem de novo as antigas imagens da vida camponesa, debruadas a ouro. Uma *troika* com três cavalos mergulha na escuridão, ou vê-se uma moça, de saia azul-marinho, ao lado de um arbusto verde flamejante, que espera na noite pelo seu amado. Nenhuma noite de terrores é tão escura como essa noite densa de verniz que guarda no seu seio tudo o que dela sai. Vi uma caixa com uma mulher sentada a vender cigarros. A seu lado, uma criança que estende a mão para tirar alguns. Também aqui, noite escura de breu. Mas à direita ainda se pode ver uma pedra e à esquerda uma arvorezinha sem folhas. No avental da mulher está escrita a palavra *Mosselprom*. É a "Madona dos Cigarros" em versão soviética.

---

[17] Pequeno acordeom.

11.

O verde é o maior luxo do inverno em Moscou. Mas nem de longe o seu brilho na loja da Petrovka é tão belo como os ramos de cravos, rosas e lírios de papel na rua. Nos mercados são os únicos que não têm lugar certo, e ora aparecem no meio dos produtos alimentares, ora entre artigos de tecelagem e barracas de louças. Mas eclipsam tudo, a carne crua, as lãs coloridas, as terrinas brilhantes. No Ano Novo vendem-se outros ramalhetes. Na Praça Strastnaia vi, de passagem, longos caules com florezinhas vermelhas, brancas, azuis e verdes coladas, cada ramo de uma cor diferente. Quando se fala das flores de Moscou, não se pode esquecer dos heroicos heléboros de Natal, nem das gigantescas malvas silvestres dos abajures que os vendedores exibem pelas ruas. Nem as caixas de vidro cheias de flores do meio das quais sai a cabeça de um santo. Nem também aquilo que a geada aqui inspira, os panos camponeses em que os motivos bordados a lã azul imitam os cristais de gelo nas vidraças. Finalmente, o brilho das camadas de açúcar sobre as tortas. O "confeiteiro" dos contos infantis parece já só sobreviver em Moscou. Só aqui existem formas feitas apenas com fios de açúcar, e cones doces onde a língua encontra uma compensação para o frio. Mas a neve e as flores encontram-se mais intimamente ainda na cobertura de açúcar: aqui, a flora de marzipã parece realizar completamente o sonho de inverno moscovita, que é o de ver nascer flores da brancura gelada.

12.

Sob o capitalismo, o poder e o dinheiro tornaram-se grandezas comensuráveis. Uma determinada quantia de dinheiro é convertível numa determinada forma de poder, e é possível calcular o valor de troca de qualquer poder. Em termos gerais, é assim que as coisas se passam. Nesse contexto só se pode falar de corrupção quando esse procedimento é aplicado de forma demasiado expedita, como que em curto-circuito. No âmbito do dispositivo seguro da imprensa, da administração e dos *trusts*, ele dispõe do seu próprio sistema de distribuição, dentro de cujos limites se mantém legal. O Estado soviético pôs fim a essa comunicação entre dinheiro e poder. O partido reserva para si o poder, o dinheiro entrega-o aos homens da NEP (Nova Política Econômica). É absolutamente impensável que a aceitação de qualquer função partidária, mesmo ao mais alto nível, possa servir para reunir algum pecúlio, para assegurar o "futuro", ainda que apenas "para os filhos". O Partido Comunista assegura aos seus membros uma base mínima de existência – e faz isso com sentido prático, não porque veja nisso uma obrigação. Mas controla os seus ganhos suplementares, e estabelece um limite máximo de 250 rublos mensais como rendimento global. Só se pode ganhar mais através de uma atividade literária, paralelamente à profissional. A vida da classe dominante está submetida a essa disciplina. Mas a posse do poder governamental não chega para circunscrever totalmente o seu poder. A Rússia de hoje é não apenas um Estado de classes, como também um Estado de castas. Um Estado de castas: isso significa que o lugar social de um cidadão não é determinado pelo lado representativo e exterior da sua existência – vestuário ou casa –, mas tão somente pela sua relação com o partido. E este dita as regras também para aqueles que não são membros. Também a estes estão abertas certas carreiras, desde que não recusem abertamente o regime. Também entre eles se aplicam as mais rigorosas diferenciações. Mas, tal como a ideia europeia da repressão estatal sobre os dissidentes na Rússia é exagerada – ou está ultrapassada –, assim também o estrangeiro não faz a mínima ideia do terrível ostracismo social a que está sujeito o homem da NEP. De outro modo não se poderiam entender o mutismo e a desconfiança sentidos não apenas pelos estrangeiros. Se perguntarmos aqui a alguém que conhecemos superficialmente o que pensa de qualquer filme sem importância, recebemos quase sempre uma resposta estereotipada: "Aqui se diz que…", ou "A opinião generalizada aqui é…". Dão-se voltas e voltas à língua antes de emitir uma opinião diante de pessoas de fora. Porque a qualquer altura, por acaso, de imprevisto, o partido pode tomar partido no *Pravda*, e ninguém quer ficar desacreditado. Como uma opinião segura é, para a maioria, se não o único bem, pelo menos a única garantia de outros bens, todo mundo faz um uso tão prudente do seu nome e da sua voz que cidadãos de mentalidade democrática não conseguem entendê-los. Dois bons amigos conversam. No decorrer da conversa, um deles diz: "Ontem veio ter comigo aquele Mikailovitch, queria um lugar no meu escritório. Diz que te conhece." "Um camarada competente, pontual e aplicado". E mudam de assunto. Mas, na hora de se despedir, o primeiro diz: "Podias dar-me uma informação sucinta por escrito sobre esse Mikailovitch?". – A ditadura de classe apropriou-se de símbolos que servem para caracterizar os seus adversários de classe. Entre eles o jazz é talvez o mais popular. E não é de estranhar o fato de ter também muitos adeptos na Rússia. Mas é proibido dançar ao som do jazz. Guardaram-no, por assim dizer, como a um réptil colorido e venenoso, numa redoma de vidro, e ele aparece assim como atração nos espetáculos de revista. Mas não deixa de ser um símbolo do "burguês". Conta-se entre aqueles adereços primitivos com os quais, na Rússia e para fins propagandísticos, se constrói uma imagem grotesca do tipo do burguês. De fato, muitas vezes é apenas ridícula, e nela são omitidas a disciplina e a superioridade do adversário. Essa visão distorcida do burguês conta também com um momento nacionalista. A Rússia era propriedade do czar. (Quem vê no Kremlin as preciosidades acumuladas a perder de vista, sente-se tentado a dizer: *uma* propriedade.) Mas o povo tornou-se de um dia para o outro o herdeiro dessa propriedade incomensuravelmente rica. Neste momento está fazendo o inventário da sua riqueza humana e fundiária. E faz esse trabalho em plena consciência de já ter realizado algo de inconcebivelmente difícil, de ter instaurado a nova ordem do poder contra a hostilidade de metade do globo. Todos os Russos se encontram na admiração por esse feito nacional. É essa transformação dos poderes públicos que torna a vida aqui tão substancial. É uma vida em si mesma tão completa e rica de acontecimentos, pobre e ao mesmo tempo cheia de perspectivas de futuro, como a vida de um explorador de ouro em Klondike. De manhã até a noite escava-se a terra em busca de poder. Toda a combinatória das existências essenciais é ainda pobre, se comparada com as inúmeras constelações com que o indivíduo se confronta aqui no decorrer de um único mês. O resultado pode, de fato, ser uma espécie de embriaguez, de tal modo que uma vida sem reuniões e comissões, debates, resoluções e votações (e tudo isso são guerras ou pelo menos manobras da vontade de poder) se torna praticamente impensável. Que importa? Certo é que as próximas gerações da Rússia terão de se adaptar a esse tipo de existência. Mas a sua saúde depende de uma condição indispensável: que não se abra um mercado negro do poder (como há tempos aconteceu à própria Igreja). Se a correlação europeia entre poder e dinheiro entrar também na Rússia, então não será o país, nem sequer o partido, mas o comunismo que estará perdido na Rússia. Por enquanto, ainda não existem aqui as noções e as necessidades de consumo da Europa. E as razões são sobretudo de ordem econômica. Mas é possível que também nesse ponto se imponha uma intenção hábil do partido: equiparar o nível de consumo ao da Europa Ocidental, a prova de fogo para o aparelho bolchevique, mas no momento escolhido, num país decidido e com a certeza absoluta da vitória.

13.

No clube dos soldados do Exército Vermelho, no Kremlin, está pendurado um mapa da Europa. Ao lado, uma manivela. Quando se gira essa manivela, vê-se o seguinte: uma pequena lâmpada elétrica acende-se em cada um dos lugares por onde Lênin passou durante a sua vida. Em Simbirsk, onde nasceu, em Kazan, S. Petersburgo, Genebra, Paris, Cracóvia, Zurique, Moscou, até ao lugar da sua morte, Gorki. As outras cidades não são assinaladas. Os contornos desse mapa em relevo, feito de madeira, são retilíneos, angulosos, esquemáticos. Nele, a vida de Lênin assemelha-se a uma campanha de conquistas colonizadoras através da Europa. A Rússia começa a tomar forma para o homem do povo. Na rua, sobre a neve, há mapas da URSS empilhados, que os vendedores oferecem a quem passa. Meyerhold usa este mapa em *D.E.* ("A Europa é nossa!")[18] – nele, o Ocidente é um complicado sistema de pequenas penínsulas russas. O mapa está quase tão perto de se tornar o centro do novo culto russo dos ícones como o retrato de Lênin. Sem dúvida que o forte sentimento nacionalista que os bolchevistas deram a todos os Russos sem distinção conferiu nova atualidade ao mapa da Europa. Há uma vontade de se medir, de comparar, talvez também de gozar daquele êxtase de grandeza que um simples olhar sobre a Rússia já produz. Só se pode aconselhar vivamente o cidadão a olhar para o seu país no mapa dos Estados vizinhos, estudar a Alemanha sobre um mapa da Polônia, da França, mesmo da Dinamarca; mas a todos os Europeus aconselha-se a ver sobre um mapa da Rússia o seu pequeno país como um território esfiapado e nervoso lá longe, no Ocidente.

14.

Que espécie de figura é o homem de letras num país em que aquilo que faz se destina ao proletariado? – Os teóricos do bolchevismo

---

[18] Referência à adaptação para teatro de um romance de Ilia Ehrenburg, *Trust D. E.* (1924).

acentuam a grande diferença entre a situação do proletariado na Rússia depois da revolução vitoriosa e a da burguesia no ano de 1789. Nessa altura, antes de chegar ao poder, a classe vitoriosa tinha-se apoderado do aparelho intelectual, numa luta que durou dezenas de anos. A organização intelectual, a cultura, há muito tempo que eram atravessadas pela ideologia do *tiers état*, e a luta de emancipação intelectual tinha precedido a luta política. A situação da Rússia de hoje é totalmente distinta. Vai ser preciso começar por estabelecer os fundamentos de uma educação generalizada para milhões e milhões de analfabetos. É uma missão nacional russa. Mas a educação pré-revolucionária na Rússia era completamente incaracterística, europeia. Na Rússia busca-se hoje o equilíbrio entre a dimensão europeia da cultura superior e a nacional da cultura elementar. Esse é um dos lados do problema da educação. Por outro lado, a vitória da revolução acelerou o ritmo da aproximação à Europa em muitos domínios. Há mesmo escritores, como Pilniak, que veem no bolchevismo a coroação da obra de Pedro, o Grande. No plano técnico, essa orientação tem provavelmente o êxito garantido, mais tarde ou mais cedo, apesar de todas as aventuras dos primeiros anos. Outra é a situação no plano intelectual e científico. Agora se vê na Rússia como os valores europeus são popularizados na versão distorcida e desoladora a que o imperialismo os conduziu na última fase. O segundo teatro acadêmico do país – uma instituição subvencionada pelo Estado – tem em cena uma *Oresteia* na qual um helenismo cheio de pó toma conta do palco de uma forma tão falsa como num teatro de corte alemão. E como o gesto rígido, marmóreo, só por si estraga qualquer espetáculo, mas ainda por cima é uma cópia da arte cênica da corte na Moscou revolucionária, o seu efeito é ainda mais depriment do que em Stuttgart ou no Anhalt. Por seu turno, a Academia Russa das Ciências admitiu um homem como Walzel,[19] protótipo do moderno professor universitário das belas-letras. Provavelmente, a única situação cultural do Ocidente em relação à qual a Rússia mostra uma compreensão viva que justifica um confronto com ela é a da América. A "aproximação" cultural em si (sem o fundamento de uma comunidade político-econômica bem concreta) representa, pelo contrário,

---

[19] Oskar Walzel (1864-1944) tinha sido o paladino de uma teoria da "iluminação recíproca das artes", e acabara de publicar o livro *Conteúdo e forma na obra de arte literária* (1925).

um interesse da versão pacifista do imperialismo, só serve a conversa fiada de expeditos agentes culturais e é, para a Rússia, um fenômeno restauracionista. O país está menos separado do Ocidente por fronteiras e censura do que pela intensidade de uma existência que não tem comparação na Europa. Para ser mais preciso: o contato com o estrangeiro passa pelo partido e tem sobretudo a ver com questões políticas. A velha burguesia desapareceu, e a nova não tem condições, nem materiais nem intelectuais, para servir de mediadora nas relações com o estrangeiro. Não há dúvida de que se sabe muito menos do estrangeiro na Rússia do que o estrangeiro (com exceção dos países latinos) sabe da Rússia. Quando um grande especialista russo nomeia de um fôlego Proust e Bronnen[20] como autores que escolhem os seus temas no domínio da sexualidade, isso mostra bem a perspectiva estreita a partir da qual se vê daqui o que é europeu. Mas quando um dos mais destacados autores da Rússia menciona Shakespeare como um dos grandes poetas que escreveu antes da invenção da imprensa, uma tal falta de instrução só pode ser explicada tendo em vista as condições totalmente modificadas da atividade literária russa. Teses e dogmas que na Europa – apenas há dois séculos, é certo – se têm por estranhos à arte e inadmissíveis são determinantes na crítica e na produção literária da nova Rússia. Proclamam-se como essenciais a tendência e a matéria. As controvérsias sobre questões de forma desempenharam ainda na fase da guerra civil um papel importante. Agora, foram reduzidas ao silêncio. E hoje é oficial a doutrina segundo a qual o que decide da natureza revolucionária ou contrarrevolucionária de uma obra é a matéria, e não a forma. Com tais doutrinas puxa-se o tapete aos escritores de forma irrevogável, do mesmo modo que a economia o fez no plano material. Nesse aspecto, a Rússia vai à frente da evolução do Ocidente – mas não tão à frente como se julga. Mais cedo ou mais tarde, o escritor "independente" desaparecerá com a classe média, triturada nessa luta entre o capital e o trabalho. Na Rússia o processo está concluído: o intelectual é sobretudo funcionário, trabalha nos departamentos da censura, da justiça ou das finanças, e, se não acabar por se afundar, participará do trabalho – e isso, na Rússia, significa que participará do poder. É um membro da classe

---

[20] Arnold Bronnen (1895-1959): escritor austríaco de Berlim, próximo de Brecht na fase anárquico-expressionista do teatro alemão, sobretudo com a peça *Vatermord* [Parricídio], de 1920, que causou escândalo. Bronnen aderiu posteriormente ao Nacional-Socialismo.

dominante. Dentre as suas diversas organizações, a mais avançada é a RAPP, a Associação Pan-Russa de Escritores Proletários, que se reclama da ideia da ditadura também no domínio da criação intelectual. Assim, corresponde à realidade atual da Rússia: a transferência dos meios de produção intelectual para o coletivo só aparentemente se distingue do que se passa no plano da produção material. Por enquanto, o proletário só pode formar-se em ambos os domínios sob a proteção da ditadura.

15.

De vez em quando damos com carros elétricos cobertos de pinturas representando cenas de fábricas, comícios de massas, regimentos do Exército Vermelho, agitadores comunistas. Trata-se de presentes oferecidos ao soviete moscovita pelo pessoal de uma fábrica. Nesses carros circulam os únicos cartazes de propaganda política que se podem ver hoje em Moscou. Mas são de longe os mais interessantes, pois em lugar nenhum se veem, como aqui, anúncios comerciais mais desastrosos. O nível degradante dos anúncios é a única semelhança entre Paris e Moscou. Inúmeros muros à volta de igrejas e mosteiros oferecem por toda parte os melhores suportes para esses anúncios. Mas há muito tempo que foram despedidos os construtivistas, suprematistas, abstrativistas que, durante o comunismo de guerra, colocaram a sua propaganda gráfica ao serviço da revolução. Hoje só se pede uma clareza banal. A maior parte desses cartazes chocam os ocidentais. Mas as lojas moscovitas parecem realmente querer alojar o freguês; têm qualquer coisa de hospedaria. As tabuletas apontam na vertical para a rua, como só o fazem as antigas insígnias das estalagens, as bacias douradas dos barbeiros ou, eventualmente, um chapéu alto na frente de um chapeleiro. Encontram-se também aqui motivos belos e ainda intactos: sapatos que caem de um cesto, um cãozinho foge com uma sandália na boca. Figuras pendentes à entrada de uma cozinha turca: senhores de fez na cabeça, cada um sentado à sua mesinha. Para um gosto primitivo, o anúncio não se faz nunca sem uma história, um exemplo ou uma anedota. A publicidade ocidental, pelo contrário, convence sobretudo pelos gastos que a firma é capaz de suportar. Aqui, praticamente toda inscrição menciona ainda o produto. O grande *slogan* apelativo é estranho ao comércio. A cidade, de resto tão inventiva em abreviaturas de toda espécie, ainda não possui a mais simples de todas – o nome da firma. Muitas vezes o céu de Moscou apresenta-se à noite com um brilho azul aterrador: isso acontece porque, sem nos darmos conta, o vimos através de um desses enormes pares de óculos azuis que se projetam como sinais de estrada na frente dos oculistas. Os transeuntes são assaltados por uma vida muda, obstinada, mas agressiva, que vem das arcadas e das ombreiras dos portais em letras pretas, azuis, amarelas e vermelhas, de diversos tamanhos, em forma de seta, nas imagens de botas, de roupa acabada de passar, de degraus gastos ou de um patamar sólido. É preciso ter percorrido as ruas de bonde para nos apercebermos de como essa luta se propaga pelos andares das casas, para alcançar o seu estágio final nos telhados. Só os *slogans* e símbolos mais fortes e mais novos se aguentam até aí. Só do avião se tem diante dos olhos a elite industrial da cidade, a indústria cinematográfica e automobilística. Em geral, porém, os telhados de Moscou são um deserto sem vida, sem os anúncios luminosos e móveis dos de Berlim nem a floresta de chaminés dos de Paris ou a solidão ensolarada dos telhados das grandes cidades do sul.

16.

Quem entrar pela primeira vez numa sala de aula russa ficará paralisado de surpresa. As paredes estão cheias de pinturas, desenhos e modelos de cartão. São as paredes de um templo em que as crianças diariamente oferecem as suas obras ao coletivo. O vermelho domina, os trabalhos estão juncados de emblemas soviéticos e retratos de Lênin. Em muitos clubes o cenário é o mesmo. Os jornais de parede representam, para os adultos, a mesma forma de manifestação coletiva. Nasceram por exigência da guerra civil, quando em muitos lugares já não havia nem papel nem tinta. Hoje, são lugar obrigatório na vida pública das empresas. Todo "canto de Lênin" tem o seu jornal de parede, cujo aspecto muda consoante a fábrica e os autores. Comum a todos é apenas a alegria ingênua: imagens coloridas e entre elas versos ou prosa. O jornal é a crônica do coletivo. Contém levantamentos estatísticos, mas também crítica jocosa a camaradas, acrescenta a isso sugestões para melhorar a produção ou apelos a ações coletivas de ajuda mútua. Inscrições, painéis com avisos e quadros didáticos cobrem também as paredes do "canto de Lênin". Mesmo na fábrica, cada um está cercado de cartazes coloridos que evocam todos os horrores da máquina. Num deles mostra-se um operário com o braço a ser apanhado pelos raios de uma roda motriz, um outro que, em estado de embriaguez, provoca um curto circuito e uma explosão, um terceiro no momento em que o joelho lhe fica preso entre dois pistões. Na sala de requisições da Biblioteca do Exército Vermelho há um painel cujo texto breve, com muitas ilustrações, esclarece sobre as muitas maneiras de danificar um livro. Foi distribuído por toda a Rússia, em centenas de milhares de exemplares, um cartaz para implantação do sistema de medidas usadas na Europa. Metro, litro, quilograma, etc. têm de estar afixados em todos os lugares de consumo públicos. Também na sala de leitura do clube dos camponeses, na Praça Trubnaia, as paredes estão cobertas de material ilustrativo. Crônica rural, desenvolvimento agrícola, técnica de produção, instituições culturais – são graficamente fixados nas suas linhas de evolução; ao lado, em todas as paredes, apresentam-se peças de ferramentas, componentes de máquinas, retorcidas com produtos químicos. Curioso, aproximei-me de um aparador de onde duas cabeças de negro me faziam caretas. Mas, vistas mais de perto, são máscaras de gás. Antigamente, o edifício deste clube era um dos melhores restaurantes de Moscou. Os antigos *séparées* são hoje dormitórios para os camponeses e as camponesas que receberam uma *komandirovka* (nota de destacamento) para a cidade. Aqui, são levados em visitas a museus e casernas, e organizam-se cursos e serões culturais para eles. Por vezes, há também um teatro pedagógico sob a forma de "julgamento". Cerca de trezentas pessoas, sentadas e de pé, enchem então a sala, forrada de vermelho, até ao último canto. Num nicho, o busto de Lênin. O tribunal foi instalado no palco, à frente do qual, do lado direito e do lado esquerdo, há pinturas de tipos proletários – um camponês e um operário fabril – que representam a *smitchka* ("gancho"), o vínculo entre cidade e campo. A instrução do processo foi encerrada, um especialista toma a palavra. Está sentado, com o seu assistente, a uma mesinha especial; à sua frente está a mesa da defesa, ambas com o lado mais estreito voltado para o público. Ao fundo, em posição frontal, a mesa do juiz. Diante dele, vestida de preto, com um ramo grosso nas mãos, está sentada a ré, uma camponesa. É acusada de prática de curandice, com desenlace fatal. Uma intervenção errada tirou a vida de uma mulher no parto. A argumentação aborda agora esse caso, num raciocínio monótono e elementar. O perito dá o seu parecer: a causa de morte da mãe foi a intervenção falhada. Mas a defesa apela: não houve má vontade, no campo há falta de assistência sanitária e de formação em higiene. Palavra final da acusada: *nitchevo,*[21] sempre houve

---

[21] Expressão fatalista que significa em russo "não importa", "paciência!".

pessoas que morreram no parto. O ministério público pede pena de morte. Depois, o presidente dirige-se à assembleia: Alguma pergunta? Mas só um *komsomol*[22] sobe ao estrado, exigindo um castigo exemplar. O tribunal retira-se para deliberar. Após uma pequena pausa, segue-se a sentença, que todos ouvem de pé: dois anos de prisão, levando em conta circunstâncias atenuantes. Renuncia-se, por isso, a detenção celular. Por fim, o presidente lembra a necessidade de estabelecer no campo centros de higiene e formação. Essas manifestações são cuidadosamente preparadas, sem qualquer lugar para improvisações. Não poderia haver meio mais eficaz de mobilizar o povo para as questões da moral bolchevista no sentido do partido. Umas vezes trata-se desse modo o problema do alcoolismo, outras a fraudulência, a prostituição ou a delinquência juvenil. As formas severas desse trabalho educativo são perfeitamente adequadas à vida soviética, são repercussões de uma existência que exige tomadas de posição cem vezes ao dia.

17.

As ruas de Moscou têm um caráter muito particular: a aldeia russa joga às escondidas nelas. Quando se entra por algum dos grandes portões – muitas vezes podem ser fechados com grades de ferro forjado, mas nunca vi nenhum fechado –, estamos à entrada de um grande espaço habitado. Abre-se então, ampla e convidativa, uma quinta ou uma aldeia, o terreno é irregular, crianças andam de trenó, os cantos são ocupados por barracões para lenha ou alfaias, há árvores dispersas, escadas de madeira dão à fachada das traseiras das casas, que vistas da rua parecem urbanas, o aspecto de uma casa camponesa russa. Muitas vezes há igrejas nesses pátios, num cenário semelhante ao de uma praça larga de aldeia. A rua toma assim a dimensão do campo. Não há também nenhuma cidade do Ocidente que se apresente, nas suas enormes praças, tão informemente rural e sempre encharcada pelo mau tempo, a neve a derreter ou a chuva. Poucas dessas amplas praças têm monumentos. (Na Europa, pelo contrário, quase não há uma cuja estrutura secreta não tenha sido profanada e destruída no século XIX por algum monumento.) Como qualquer outra cidade, também Moscou constrói com nomes um pequeno mundo no seu interior. Há um casino chamado "Alcazar", um hotel de nome "Liverpool",

---

[22] Membro da Juventude Comunista.

uma hospedaria "Tirol". Para ir daqui até aos centros de esportes de inverno é precisa uma meia hora. Encontram-se patinadores e esquiadores em toda a cidade, mas a pista de trenós é mais no centro. Daqui partem trenós dos mais variados modelos, desde a prancha assentada à frente em lâminas de patins de gelo, e rojando a neve atrás, até aos mais confortáveis *bobsleighs*. Em parte alguma Moscou se parece com a própria cidade, mas sempre mais com a sua periferia. O terreno molhado, as barracas, os longos trens transportando matérias-primas, gado a caminho do matadouro, tabernas miseráveis – tudo isso se encontra nos bairros mais animados. A cidade está ainda muito cheia de casinhas de madeira, do mesmo tipo de construção eslava como as que se encontram nos arredores de Berlim. Mas o aspecto tão apagado das construções de pedra da Marca de Brandeburgo dá aqui lugar às atraentes cores das casas de madeira quente. Nas ruas dos subúrbios, ao lado das largas avenidas, cabanas camponesas alternam com moradias Arte Nova[23] ou com a sóbria fachada de um prédio de oito andares. A camada de neve é alta, e se desce subitamente um silêncio, julgaríamos estar numa aldeia da Rússia profunda a hibernar. Não é só a neve, com o seu brilho estelar, de noite, e os seus cristais como flores, de dia, que faz ter saudades de Moscou. É também o céu. O horizonte longínquo da vasta planície está sempre a aparecer por entre os telhados agachados. Só se torna invisível ao anoitecer. Mas é então que a falta de habitação em Moscou produz o seu efeito mais espantoso. Se andarmos pelas ruas ao cair da noite, vemos, nas casas grandes como nas pequenas, quase todas as janelas iluminadas. Se o clarão que delas sai não fosse tão desigual, julgaríamos estar em presença de uma iluminação festiva.

18.

As igrejas quase emudeceram. A cidade foi praticamente liberta daquele repicar dos sinos que aos domingos espalha uma tão profunda tristeza sobre as nossas cidades. Mas por enquanto talvez ainda não haja em Moscou um lugar do qual não se veja pelo menos *uma* igreja. Ou melhor: do qual não sejamos pelo menos vigiados por *uma* igreja. O súdito do czar estava cercado, nesta cidade, por mais de quatrocentas capelas e igrejas, ou seja, por duas mil cúpulas que se escondem por toda parte a cada esquina, se encobrem umas às outras, espreitam por

---

[23] *Jugendstil*, versão alemã do estilo Art Nouveau.

cima de muros. Tinha uma *okrana*[24] arquitetônica à sua volta. Todas essas igrejas eram ciosas do seu estatuto incógnito. Nenhuma lança altas torres para o céu. Só com o tempo nos habituamos a associar aos longos muros e conjuntos de cúpulas baixas os complexos dos mosteiros. Depois, torna-se claro por que razão em muitos lugares Moscou parece tão compacta e fechada como uma fortaleza; os mosteiros evidenciam ainda hoje os sinais da sua finalidade defensiva de outrora. Bizâncio e as suas mil cúpulas não são aqui a maravilha que o europeu imagina. A maior parte das igrejas foram construídas segundo um modelo insípido e adocicado: as suas cúpulas azuis, verdes e douradas são um Oriente de frutas cristalizadas. Ao entrarmos numa dessas igrejas encontramos em primeiro lugar um vestíbulo espaçoso com escassas imagens de santos. É sombrio, a sua penumbra presta-se a conspirações. Em tais espaços pode-se deliberar sobre os assuntos mais dúbios e, se for o caso, também sobre *pogroms*. Adjacente a esse lugar vem a única área de devoção. Ao fundo, alguns degraus que levam ao estrado baixo e estreito ao longo do qual se passa diante das imagens dos santos, a chamada iconóstase. Os altares sucedem-se a pequena distância, cada um deles assinalado por uma luzinha frouxa e vermelha. As superfícies laterais são ocupadas pelas grandes imagens de santos. Todas as partes da parede que não estão ocupadas por uma imagem são recobertas a folha de ouro reluzente. Do teto, revestido com pinturas *kitsch*, pende um lustre de cristal. Apesar disso, só velas iluminam o espaço, um salão de paredes consagradas diante das quais se desenrola o cerimonial. As grandes imagens são reverenciadas com o sinal da cruz, seguido de genuflexão, devendo a testa tocar o chão; persignando-se de novo, o fiel ou o penitente dirige-se à imagem seguinte. Diante das imagens menores, em redomas de vidro, dispostas em sequências ou isoladas sobre estantes de coro, dispensa-se a genuflexão. Os fiéis inclinam-se e beijam o vidro. Sobre essas estantes estão expostas, a par dos mais preciosos ícones antigos, séries de oleografias nas mais berrantes cores. Muitas imagens de santos tomaram posição na fachada e olham das cornijas mais altas, sob o telhado projetado, como pássaros fugidos. Das suas cabeças inclinadas como retortas fala a melancolia. Bizâncio parece não conhecer uma única forma de janela de igreja. Uma impressão mágica, nada familiar: janelas profanas e insignificantes que, das salas de reunião e das torres

---

[24] A famosa polícia secreta da Rússia imperial.

da igreja, dão para a rua como se fossem janelas de salas de estar. Por trás delas mora o padre ortodoxo, como um monge no seu pagode. As partes inferiores da catedral de São Basílio podiam ser o andar térreo da majestosa casa de um boiardo. Mas, quando entramos na Praça Vermelha vindos do lado oeste, as suas cúpulas erguem-se progressivamente no céu como um bando de sóis em fogo. Esse edifício guarda sempre qualquer coisa para si, e só poderia ser surpreendido a partir das alturas de um avião, um ponto de vista de que os construtores não pensaram em se precaver. O interior foi não apenas esvaziado, mas estripado como uma peça de caça abatida. (E não podia acabar de outro modo, pois ainda em 1920 se rezou aqui com um fervor fanático.) Com a remoção de todo o recheio, foram irremediavelmente postos a nu os coloridos arabescos vegetais das pinturas murais que proliferam por todos os corredores e abóbadas; uma pintura sem dúvida muito mais antiga, que, com parcimônia, mantinha viva nos espaços interiores a lembrança das espirais coloridas das cúpulas, desfigura-os agora numa triste imitação rococó. As passagens abobadadas são estreitas, e alargam-se subitamente em nichos de altar ou capelas circulares nas quais, vinda de cima, das janelas altas, penetra tão pouca luz que alguns objetos de devoção que deixaram ficar mal se veem. Muitas igrejas estão, assim, ao abandono e vazias. Mas o fogo que já só aqui e ali ilumina ainda a neve aqui fora foi bem conservado nos bairros de barracas de madeira. Nos seus corredores, estreitos e cobertos de neve, reina o silêncio. Só se ouve o sussurro do jargão dos judeus que vendem roupa, com as suas barracas ao lado da tralha da vendedora de papel, que domina escondida atrás de cordões de prata, que tapou o rosto com lamelas douradas e Papais Noéis com barbas de algodão, como uma oriental faz com o véu.

19.

Até o mais árduo dia de trabalho em Moscou tem duas coordenadas que nele vão definir de forma sensível cada momento em termos de expectativa e realização. Uma delas é a vertical das refeições, cruzada pela horizontal noturna dos espetáculos. Nunca se está muito longe de ambas. Moscou é uma cidade cheia de restaurantes e teatros. Milícias com guloseimas patrulham as ruas, muitas das grandes lojas de gêneros alimentícios só fecham às onze da noite, e em muitas esquinas abrem-se casas de chá e cervejarias. "Tchainaia" ou "Pivnaia" – a maior parte das vezes as duas palavras – são as inscrições pintadas sobre um fundo no qual um verde desbotado vai passando progressiva e tristemente, a partir da borda superior, a um amarelo sujo. Para acompanhar a cerveja, acepipes muito bizarros: minúsculos pedacinhos de pão branco seco, pão escuro de centeio gratinado com uma crosta de sal e ervilhas secas em água salgada. Em certos lugares pode-se comer isso e ter a alegria de ver uma *inszenirovka* primitiva. Chama-se assim a um assunto épico ou lírico adaptado ao teatro. Muitas vezes são canções populares, deficientemente transpostas para coros. Na orquestra dessa música folclórica ouvem-se por vezes, ao lado do acordeão e do violino, ábacos transformados em instrumentos. (Veem-se em todas as lojas e escritórios. O menor cálculo é impensável sem eles.) A embriaguez do calor que se apodera do frequentador desses estabelecimentos, com o chá quente e o gosto da *sakuska*[25] picante, é o prazer de inverno mais secreto de Moscou. É por isso que quem não conhecer a cidade na neve não a conhece. De fato, cada região pede para ser visitada na época do ano em que o seu clima é mais extremo. É a ele que ela está mais adaptada, e só a partir dessa adaptação a podemos compreender. Em Moscou, a vida no inverno tem uma dimensão mais rica. O espaço transforma-se literalmente, consoante está frio ou quente. Vive-se na rua como numa sala de espelhos gelada, qualquer parada ou hesitação é extremamente difícil. É preciso pensar bem durante metade de um dia para tomar a decisão de ir enviar uma carta já endereçada, e, apesar do frio rigoroso, ir a uma loja para comprar qualquer coisa implica uma grande força de vontade. Mas quando finalmente encontramos um local, a mesa pode estar posta de qualquer modo – com vodca, que aqui tem ervas à mistura, com bolos ou uma xícara de chá: o calor faz do próprio tempo que se esvai uma bebida embriagante. Ela desliza como mel pela garganta do caminhante cansado.

20.

No aniversário da morte de Lênin[26] vê-se muita gente com uma faixa negra de luto no braço. Toda a cidade põe as bandeiras a meia-haste pelo menos durante três dias. Muitas das bandeirinhas tarjadas de preto, porém, uma vez içadas aqui fora, ficam uma ou duas semanas.

---

[25] Literalmente, "entretenimento para a boca": acepipe ou tira-gosto antes do prato principal.

[26] Dia 21 de janeiro de 1924. Benjamin estava em Moscou em 21 de janeiro de 1927.

O luto da Rússia pelo seu chefe morto não é comparável à atitude assumida pelo povo noutros lugares em tais ocasiões. A geração que participou nas guerras civis está ficando velha, se não em anos, pelo menos em energia. É como se a estabilização tivesse também feito entrar nas suas vidas uma tranquilidade, mesmo uma apatia, que normalmente só a idade traz. O grito de "Basta!" com que o partido um dia, com a NEP (Nova Política Econômica), se opôs ao comunismo de guerra, teve um terrível efeito de ricochete que deixou abatidos muitos combatentes do movimento. Milhares devolveram nessa altura o cartão de militante ao partido. Conhecem-se casos de derrocada tão total que, em poucas semanas, alguns fiéis pilares do partido se transformaram em seus defraudadores. O luto por Lênin é para os bolchevistas também o luto pelo comunismo heroico. Os poucos anos de distância a que está são para a consciência russa um longo período. A ação de Lênin acelerou de tal maneira o desenrolar dos acontecimentos na sua era que o seu aparecimento logo se torna passado, a sua imagem rapidamente se distancia. Na ótica da história, porém – que nisto é o contrário da espacial –, o distanciamento significa engrandecimento. Agora, o que conta são ordens diferentes das do tempo de Lênin, apesar de serem lemas que ele próprio lançou. Agora, procura-se fazer ver a cada comunista que o trabalho revolucionário desta hora não é o da luta armada, não é o da guerra civil, mas o da construção de canais, da eletrificação e da construção de fábricas. Salienta-se de forma cada vez mais evidente a essência revolucionária da autêntica técnica. E como todo o resto, também isso (e com razão) se faz em nome de Lênin. Este nome continua a crescer. É significativo o fato de o relatório sóbrio e parco em prognósticos da delegação sindical inglesa ter achado digna de menção a possibilidade de, "quando a memória de Lênin tiver encontrado o seu lugar na história, este grande reformador revolucionário russo pode vir a ser canonizado". Já hoje o culto da sua imagem se expande de forma imprevisível. Há lojas onde ela é artigo especial, em todas as dimensões, poses e materiais. Há bustos seus nos "cantos de Lênin", estátuas ou baixos-relevos de bronze nos maiores clubes, retratos em meio-corpo nas repartições, pequenas fotografias em cozinhas, lavanderias, despensas. Está pendurada no vestíbulo do Palácio das Armaduras do Kremlin, como cruz que pagãos convertidos levantam num lugar outrora ímpio. E já vai construindo as suas formas canônicas.

A mais conhecida é a do orador. Mas talvez uma outra fale de forma mais comovente e próxima: Lênin à mesa, curvado sobre um exemplar do *Pravda*. Assim, entregue a uma efêmera folha de jornal, ele mostra-se na tensão dialética da sua natureza: o olhar certamente posto na distância, mas o incansável cuidado do coração voltado para o momento presente.

O caminho para o sucesso em treze teses

1. Não existe nenhum grande sucesso a que não correspondam efetivas realizações. Mas seria um erro supor que essas realizações são o seu fundamento. As realizações são a consequência. Consequência da autoestima reforçada e do acentuado gosto pelo trabalho daquele que vê reconhecido o seu esforço. Assim sendo, as verdadeiras realizações que estão na base dos grandes sucessos são: uma grande exigência, uma resposta habilidosa, uma transação feliz.

2. A satisfação com a remuneração tolhe o sucesso, a satisfação com as realizações conseguidas intensifica-o. Salário e realização encontram-se numa relação de equilíbrio, como nos pratos de uma balança. Todo o peso da autoestima deve recair sobre o prato das realizações. Assim, o prato da remuneração estará sempre subindo.

3. Só poderão ter sucesso duradouro aqueles que, na sua conduta, parecem ser, ou são realmente, guiados por motivações simples e transparentes. As massas destroem qualquer sucesso logo que ele lhes pareça opaco, sem valor pedagógico ou exemplar. É evidente que esse sucesso não precisa ser transparente em termos intelectuais. Qualquer teocracia o demonstra. Tem, isso sim, de se ajustar a uma ideia qualquer, melhor, a uma imagem qualquer, seja ela a de uma hierarquia, do militarismo, da plutocracia ou qualquer outra. Por conseguinte: ao padre o confessionário, ao cabo de guerra a condecoração, ao magnata das finanças o seu palácio. Quem não pagar o seu tributo ao tesouro de símbolos das massas está condenado ao fracasso.

4. Poucos têm ideia do desejo de clareza que constitui a superior paixão de qualquer público. *Um* centro, *um* chefe, *uma* palavra de ordem. Quanto mais clara for uma manifestação intelectual, tanto maior será o seu raio de ação, tanto mais público afluirá a ela. Ganha-se "interesse" por um autor – ou seja, começa-se a procurar a sua fórmula e a sua expressão mais primitiva e mais inequívoca. A partir desse

momento, cada obra sua transforma-se num material no qual o leitor pretende testar, precisar, comprovar aquela fórmula. No fundo, em relação a qualquer autor, o público só tem ouvidos para isso – para aquela mensagem que ele, no leito de morte, com a respiração ofegante, ainda teve tempo e forças para lhe deixar.

5. Quem escreve nem imagina como é moderna a referência à "posteridade". Ela vem de uma época que viu nascer o escritor independente e explica-se pela deficiência de fundamentação do seu lugar na sociedade. A referência à fama póstuma foi uma forma de pressão contra esta. Ainda no século XVII, não passaria pela cabeça de nenhum autor reclamar-se de uma posteridade perante os seus contemporâneos. Todas as épocas anteriores são unânimes na convicção de que o mundo contemporâneo era o guardião das chaves que abrem os portões da fama póstuma. Hoje, isso faz ainda mais sentido, já que cada geração futura tem tanto menos tempo e gosto para processos de revisão quanto mais a defesa contra a desfiguração maciça da herança que lhes coube tem de assumir formas desesperadas.

6. A fama, ou melhor, o sucesso, tornou-se coisa obrigatória, e já não significa hoje, como antigamente, uma mais valia acrescentada. Numa época em que qualquer escrevinhador indigente vê o que escreve divulgado em milhares de exemplares, o êxito tornou-se uma espécie de complemento natural da escrita. Quanto menor for o sucesso de um autor, de uma obra, tanto menos eles estarão presentes.

7. Condição para a vitória: o gosto do sucesso superficial enquanto tal. Um prazer puro e desinteressado, cuja melhor forma de manifestação é o prazer de alguém pelo sucesso, mesmo se for o de um terceiro ou um sucesso "imerecido". O sentido farisaico da justiça é o maior obstáculo a qualquer progresso.

8. Muita coisa é inata, mas o treino ajuda muito. Por isso, não terá sucesso aquele que se guarda e se empenha apenas em grandes projetos, e não é capaz, de quando em quando, de se entregar também a fundo às pequenas coisas. De fato, ele só aprende do seguinte modo aquilo que é importante na grande negociação: pelo prazer de negociar, que vai até ao prazer esportivo da relação com o parceiro, a grande capacidade de, por alguns momentos, pôr de lado o objetivo (aos seus, o Senhor dá-lhes a ver esse objetivo durante o sono), e finalmente e acima de tudo: amabilidade. Não a frouxa, amorfa, cômoda, mas a surpreendente, dialética, dinâmica, que, como um laço, de um só golpe,

torna o parceiro dócil. E não está toda a sociedade cheia de figuras com as quais devemos aprender a ter sucesso? Do mesmo modo que na Galícia os ladrões usam bonecos de palha, homenzinhos carregados de guizos por todo o corpo, para treinar os seus discípulos, assim também nós temos os nossos criados de mesa, porteiros, funcionários, chefes, para com eles aprendermos a dar ordens com amabilidade. O "Abre-te, Sésamo!" do sucesso é a palavra gerada pelo encontro entre a língua do comando e a da fortuna.

9. *Let's hear what you can do!*, diz-se na América a todo candidato a um cargo. Mas o que se pretende é muito menos ouvir o que ele diz do que ver como ele se comporta. É nisto que reside o segredo da prova. Quem examina, geralmente, não pede mais do que deixar-se convencer da aptidão do seu interlocutor. Todos já passaram pela experiência de constatar que, quanto mais vezes utilizamos um fato, um ponto de vista, uma fórmula, tanto mais eles perdem a sua força sugestiva. Dificilmente a nossa convicção convencerá mais os outros do que aquele que testemunhou o seu aparecimento em nós. Por isso, em qualquer exame as maiores probabilidades de êxito não estão do lado do candidato que se preparou bem, mas sim do lado do improvisador. E pela mesma razão as questões secundárias, as coisas menos importantes, são quase sempre as decisivas. O inquisidor que temos à nossa frente exige sobretudo que o enganemos quanto à sua função. Se o conseguirmos, ele agrada e está disposto a fechar os olhos a muitas outras coisas.

10. Na vida real dá-se muito menos importância do que pensamos à inteligência, ao conhecimento da natureza humana e a outros dons. No entanto, há sempre um gênio em cada homem de sucesso. Mas não devemos procurá-lo *in abstrato*, do mesmo modo que não temos a ilusão de observar o gênio erótico de um Don Juan quando ele está sozinho. Também o sucesso é um encontro marcado: e estar à hora certa no lugar certo não é coisa irrelevante. Porque isso significa: compreender a linguagem em que a sorte marca encontro conosco. Como pode então alguém que nunca na sua vida ouviu essa linguagem ajuizar da genialidade do homem de sucesso? Não faz a mínima ideia de como ela soa. Para ele, tudo é obra do acaso. Mas não lhe passa pela cabeça que aquilo que ele assim designa é, na gramática da sorte, o mesmo que o verbo irregular nas nossas, ou seja, o vestígio não apagado de uma força originária.

11. A estrutura de cada êxito é, no fundo, a estrutura do acaso. Renegar o próprio nome sempre foi a forma mais radical de eliminar todas as inibições e todos os sentimentos de inferioridade. O jogo, por exemplo, é um autêntico *steeplechase* na pista do próprio eu. O jogador é sem nome, não tem nome próprio nem precisa de um estranho. O que o representa é a ficha que foi lançada para um determinado lugar do pano que se diz verde, como a árvore dourada da vida, e é cinzento como o asfalto.[27] E nesta cidade do acaso, neste emaranhado de ruas da sorte, que êxtase o de se poder fazer duplo e onipresente, para espreitar, em dez esquinas ao mesmo tempo, a fortuna que se aproxima!

12. Cada um pode fazer a trapaça que quiser. Mas nunca se pode sentir trapaceiro. Nessa situação, o vigarista é o exemplo máximo da indiferença criadora.[28] O seu verdadeiro nome é o Sol anônimo ao redor do qual gira a coroa de planetas dos nomes que para si inventou. Linhagens, honrarias, títulos – pequenos mundos saídos do núcleo incandescente daquele Sol para espalhar uma luz suave e um calor brando pelos mundos burgueses. Sim, eles são o seu contributo para a sociedade, e por isso trazem consigo aquela *bona fides* que nunca falta ao vigarista astuto, mas quase sempre ao pobre diabo.

13. Com a expressão "presença de espírito", a língua deixa entender que o segredo do sucesso não está no espírito. Quem decide não é o Quê e o Como, mas tão somente o *Onde do espírito*. Estar presente num momento e num espaço é qualquer coisa que ele só consegue se penetrar no tom de voz, no sorriso, nos silêncios, no olhar, no gesto.

---

[27] Benjamin alude aqui a uma passagem do *Fausto* de Goethe, no final da cena entre Mefistófeles e o Estudante, em que o primeiro conclui: "Cinzenta, amigo, é toda a teoria, / E verde a árvore de ouro da Vida." (GOETHE, J. W. *Fausto*. Trad. de João Barrento. Lisboa: Relógio d'Água, 1999 [2. ed. 2013], vv. 2038-2039).

[28] A alusão à "indiferença criadora" remete para um *topos* e uma pose característicos desde o Fim de Século alemão e europeu, e que encontrou formulação e desenvolvimento na obra do expressionista e anarquista Salomo Friedländer (pseudônimo: Mynona), *Schöpferische Indifferenz* [Indiferença Criadora], de 1918. Friedländer é ainda responsável, com Anselm Ruest, pela publicação da revista *Der Einzige* [O Único, entre 1919 e 1925], de inspiração afim, anarquista-individualista, com raízes assumidas em Max Stirner e no seu *O único e a sua propriedade* (edição portuguesa: Lisboa: Antígona, 2004, trad. de João Barrento, posfácio de José Bragança de Miranda. Edição brasileira: S. Paulo: Martins Fontes, 2009. A indicação, na página de rosto desta edição, "traduzido do francês" é, naturalmente, um lamentável e incompreensível erro da Editora.).

Pois só o corpo cria a presença do espírito. E precisamente porque aquele, nos grandes homens de sucesso, controla com mão de ferro as reservas do espírito, é que este raramente joga no exterior os seus brilhantes jogos. O sucesso das carreiras dos gênios das finanças é, por isso, feito da mesma massa que a presença de espírito com que um Abbé Galiani[29] operava no salão. Acontece, porém, como dizia Lênin, que hoje o que precisa ser dominado não são os homens, mas as coisas. Daqui a insensibilidade que tantas vezes apõe o seu selo de extrema presença de espírito nos grandes magnatas da economia.

Weimar

I.

Nas pequenas cidades alemãs é impossível imaginar os quartos sem peitoril nas janelas. Mas raramente os vi tão largos como na Praça do Mercado de Weimar, no "Hotel Elefant", onde eles transformaram o quarto em um camarote que me permitia ver um *ballet* superior aos dos palcos dos castelos de Neuschwanstein e Herrenchiemsee ofereciam a Luís II da Baviera. Era, de fato, um *ballet* às primeiras horas da manhã. Por volta das seis e meia começaram as afinações: os baixos dos barrotes, os violinos dos toldos, as flautas das flores e os timbales da fruta. O palco estava ainda quase vazio; vendedoras, mas não fregueses. Voltei a adormecer. Por volta das nove horas, quando acordei, era uma orgia: os mercados são as orgias das horas matinais, e, como diria Jean Paul,[30] a fome dá a música de entrada no dia, e o amor a saída. As moedas entraram a um ritmo sincopado, e pouco a pouco as moças empurravam-se e furavam com as suas redes de compras, que regurgitavam de formas redondas convidando ao prazer. Mas, quando desci, já vestido, ao andar térreo e me preparava para pisar no palco, o brilho e o frescor tinham desaparecido. Compreendi que todas as

---

[29] Ferdinando Galiani (1728-1787), escritor e economista italiano, secretário da embaixada do reino de Nápoles em Paris, conhecido e admirado pelos Enciclopedistas pela vivacidade do seu *esprit* nos salões parisienses.

[30] Jean Paul: nome literário de Johann Paul Friedrich Richter (1763-1825), grande ficcionista, inclassificável, do período clássico-romântico da literatura alemã, com tendência para as narrativas fantasiosas, grotescas e barrocas, entre a tradição do romance satírico e humorístico inglês (Sterne, Fielding) e a do sentimentalismo e intimismo alemão do século XVIII.

dádivas da manhã querem ser recebidas em lugares altos, como o nascer do Sol. E não era uma aurora mercantil o que ainda há pouco iluminava as pedras de cores delicadas daquela calçada? Agora estavam cobertas de papéis e detritos. Em vez de dança e de música, só troca e negócio. Nada se esvai de forma mais irrevogável do que uma manhã.

II.

No arquivo Goethe-Schiller a caixa da escada, as salas, as vitrines, as bibliotecas, tudo é branco. O olhar não encontra uma polegada livre onde possa repousar. Os manuscritos estão ali deitados como doentes em camas de hospital. Mas quanto mais tempo nos expomos a esta luz crua mais julgamos reconhecer no fundo destas instalações uma razão que a si mesma se ignora. Se longos períodos de doença acamada tornam as expressões fisionômicas mais amplas e calmas e as fazem refletir emoções que um corpo sadio traduz por decisões, em modos diversos de intervir, de dar ordens, em suma, se um leito de doença transforma uma pessoa no sentido de um ser de mímica, então não é sem razão que estas folhas jazem ali, sofrendo nos seus repositórios. Pensar que tudo aquilo que hoje se nos apresenta, de forma consciente e sólida, como as *Obras* de Goethe nas suas muitas edições em livro, um dia teve esta outra, única e muito mais frágil, da escrita, e que tudo o que dela nasceu possa ter sido apenas o rigor purificador que envolve os convalescentes ou moribundos aos olhos daqueles que lhes são mais próximos – é coisa em que não gostamos de pensar. Mas não passaram também estas folhas por uma crise? Não passou por elas um calafrio, sem que se soubesse se ele se devia à proximidade do fim ou da glória póstuma? E não são elas a solidão da poesia? E o leito a que ela se acolheu? E não haverá entre estas folhas algumas cujo inominável texto nasça apenas como olhar ou sopro dos traços mudos e convulsos?

III.

Sabemos como o gabinete de trabalho de Goethe era primitivo. É uma sala baixa, sem tapete, sem janelas de vidros duplos. Os móveis são muito modestos. Ele poderia facilmente ter feito as coisas de outro modo. Na altura já havia poltronas de couro e cadeiras almofadadas. Esta sala em nada se antecipa ao seu tempo. Uma vontade pôs limites à sua configuração e às suas formas; nenhuma se deveria envergonhar da vela à luz da qual o velho, à noite, de roupão, os braços apoiados numa almofada desbotada, se sentava à mesa do meio para estudar. E pensar que hoje só recuperamos nas noites o silêncio dessas horas. Mas se o pudéssemos escutar compreenderíamos um estilo de vida, escolhido e conseguido, a graça para sempre perdida de colher o bem mais amadurecido desses últimos decênios, nos quais mesmo o homem rico havia ainda de sentir na pele a dureza da vida. Aqui, o ancião celebrou com a Inquietação, a Culpa e a Miséria[31] noites tenebrosas, antes que a alvorada infernal do conforto burguês desse a ver o seu brilho na janela. Continuamos à espera de uma filologia que nos abra este mundo mais próximo e mais determinante – a verdadeira Antiguidade do poeta. Este gabinete de trabalho era a *cella* da pequena construção que Goethe tinha reservado exclusivamente para duas coisas: o sono e o trabalho. Não se pode avaliar o que significou a proximidade da minúscula alcova e deste gabinete de trabalho, ele próprio semelhante a uma alcova. Só a soleira, como um degrau, o separava durante o trabalho da cama alta. E quando dormia, a obra esperava ao lado para pedir noite após noite que o mundo dos mortos o poupasse. Aquele a quem um acaso feliz permite concentrar-se neste espaço experimenta, na disposição das quatro pequenas divisões em que Goethe dormia, lia, ditava e escrevia, as forças que exigiam a um mundo que lhe respondesse quando ele aflorava o cerne da existência. Nós, porém, temos de arrancar música a um mundo para fazer ouvir o fraco tom harmônico de uma realidade interior.

[Dois sonhos]

Naquele sonho – já passaram três ou quatro dias desde que o tive, e ele não me larga – tinha à minha frente uma estrada rural, na luz já muito fraca do crepúsculo. Havia fileiras de árvores altas de ambos os lados, e a estrada era delimitada à direita por um muro alto. Enquanto eu estava à beira da estrada com um grupo de pessoas cujo número e sexo já não recordo (só sei que era mais do que uma pessoa), o disco do Sol apareceu, branco de névoa, impreciso e sem força de irradiação, por entre as árvores, quase coberto pela folhagem, e sem que se notasse qualquer aumento de luminosidade. Precipitei-me a

---

[31] Alusão às figuras alegóricas que aparecem, à meia-noite, ao Fausto velho no quinto ato da obra de Goethe, escrito nos últimos anos de vida (cf. edição portuguesa referida na nota 27, vv. 11384 segs.).

grande velocidade – e sozinho – ao longo da estrada, para poder ter uma vista mais desimpedida; mas logo o Sol desapareceu, sem se pôr nem se esconder atrás das nuvens, mas como se o tivessem apagado ou levado. Num instante ficou noite escura; começou a cair com grande intensidade uma chuva que encharcou a estrada debaixo dos meus pés. Entretanto, eu corria sem destino, como que atordoado. De repente, sem que viesse luz do sol ou relâmpago, o céu abriu-se num determinado lugar num clarão esbranquiçado – era, e eu sabia-o, a "luz sueca" –, e a um passo de mim estava o mar, e a estrada entrava diretamente por ele adentro. Então, encantado pela claridade que sempre conseguira ver e pelo oportuno aviso de perigo, voltei a percorrer, triunfante, a estrada em sentido inverso, no meio da mesma tempestade e escuridão de antes.

Sonhei com uma revolta de alunos. Sternheim[32] desempenhava nela um papel qualquer, e mais tarde fez uma exposição sobre isso. No seu texto aparecia literalmente a seguinte frase: Quando pela primeira vez se passou o pensamento jovem pela peneira, encontraram nele noivas nutridas e Brownings.

Paris, a cidade no espelho
Declaração de amor dos poetas e dos artistas à "capital do mundo"

Nenhuma cidade está tão intimamente ligada ao livro como Paris. Se Giraudoux tem razão, e se o supremo sentimento de liberdade humana é o de deambular ao longo do curso de um rio, aqui o ócio mais acabado e a mais feliz liberdade conduzem-nos para o livro e para dentro dos livros. Há séculos que a hera de folhas eruditas prolifera pelos cais despidos do Sena: Paris é a grande sala de uma biblioteca atravessada pelo Sena.

Não há monumento nesta cidade que não tenha fornecido inspiração a uma obra-prima da literatura. Notre-Dame – e pensamos

---

[32] Trata-se do dramaturgo expressionista Carl Sternheim (1878-1942). As imagens referidas no sonho podem facilmente relacionar-se com peças de Sternheim, concretamente a tetralogia satírica *Aus dem bürgerlichen Heldenleben* [Da vida heroica da burguesia].

no romance de Victor Hugo. Torre Eiffel – *Os noivos da Torre Eiffel*, de Cocteau; com "A oração da Torre Eiffel",[33] de Giraudoux, estamos já nas vertiginosas alturas da literatura moderna. A ópera: com o célebre romance policial de Leroux *O fantasma da ópera* entramos, em simultâneo, nos subterrâneos deste edifício e da literatura. O Arco do Triunfo estende-se a toda a Terra com o romance de Raynal *O túmulo do soldado desconhecido*.[34] Esta cidade inscreveu-se de forma tão indelével na literatura porque ela própria é animada por um espírito muito próximo dos livros. Não é verdade que ela, como um romancista experimentado, preparou de longa data os mais fascinantes motivos da sua construção? Nela temos as grandes vias estratégicas, destinadas a garantir às tropas o acesso a Paris pela Porte de Maillot, a Porte de Vincennes, a Porte de Versailles. E uma bela manhã, de um dia para o outro, Paris tinha as melhores vias para o trânsito automóvel de toda a Europa. Temos a Torre Eiffel – um puro monumento da técnica com espírito esportivo –, e um belo dia acordamos e é uma estação de rádio europeia. E as incontáveis praças vazias: não serão elas páginas solenes, imagens de página inteira nos volumes da história universal? Na Place de Grèves brilha, em números vermelhos, o ano de 1789. Rodeado pelos ângulos dos telhados da Place des Vosges, onde encontrou a morte Henrique II. Com traços apagados, uma escrita indecifrável naquela Place Maubert, outrora porta de entrada na Paris mais sinistra. Nessa interação entre cidade e livro, uma dessas praças imigrou para as bibliotecas: a chancela das famosas edições Didot, do século XIX, é a Place du Panthéon.

Quando o espectro literário da cidade é desdobrado pela razão lapidada e prismática, quanto mais nos afastamos do centro e nos aproximamos da periferia, tanto mais estranhos se tornam os livros. Existe um conhecimento ultravioleta e outro infravermelho desta cidade, que não cabem já na forma do livro: a fotografia e a planta – o mais exato conhecimento do pormenor e do todo. Dispomos das

---

[33] *Les mariés de la Tour Eiffel*, de Jean Cocteau, data de 1923 (e deu um conhecido quadro de Chagall, "Les fiancés de la Tour Eiffel"); do mesmo ano é também "Prière sur la Tour Eiffel", que seria o sexto capítulo do romance de Giraudoux *Juliette au pays des hommes* (1924).

[34] O conhecido romance de Gaston Leroux (que haveria de entrar no universo do musical e do cinema) é de 1910; a obra de Raynal, *Le tombeau sous l'Arc de Triomphe*, data de 1924.

mais belas amostras dessas extremidades do campo visual. Quem já alguma vez esteve numa cidade desconhecida e teve de manusear, numa esquina e com mau tempo, uma daquelas plantas de papel em formato grande, que enfunam a cada pontinha de vento, se rasgam nas dobras e em pouco tempo ficam reduzidas a um monte de folhas sujas que nos enervam, fica sabendo o que pode ser a planta de uma cidade se conhecer as da série Taride. A planta da cidade e a própria cidade, porque bairros inteiros revelam o seu segredo através dos nomes das ruas. Na grande praça em frente à Gare St. Lazare temos meia França e meia Europa diante de nós. Nomes como Havre, Anjou, Provence, Rouen, Londres, Amsterdam, Constantinopla passam pelas ruas cinzentas como fitas mescladas por seda cor de cinza. É o bairro chamado Europa. É, assim, possível percorrer na planta as ruas uma a uma, pode mesmo ir-se "de rua em rua e de casa em casa" nessa obra gigantesca em que, em meados do século XIX, Lefeuve,[35] o historiador da corte de Napoleão III, compilou tudo o que era digno de conhecer. A obra dá logo no título uma ideia do que pode esperar quem aborda essa literatura e quem tentasse apenas estudar as cem páginas sob a rubrica "Paris" contidas no catálogo da Biblioteca Imperial. E este já foi acabado no ano de 1867. Engana-se quem pensa que só vai encontrar aí estudos científicos, matéria arquivística, topográfica ou histórica. Parte significativa dessa massa de volumes é constituída por declarações de amor à "capital do mundo". E não é novo o fato de elas provirem majoritariamente de estrangeiros. Quase sempre os amantes mais apaixonados por esta cidade vieram de fora. E estão espalhados por todo o globo. Encontramos aí Nguyen-Trong-Hiêp, que publicou em 1897, em Hanoi, o seu hino à capital francesa.[36] E também, para referir apenas à mais recente, a princesa romena Bibesco, cuja encantadora "Catherine-Paris" foge dos castelos da Galícia, da alta aristocracia polaca, do marido, o conde Leopolski, para regressar à pátria que escolheu. De fato, esse Leopolski deve ser o príncipe Adam Chartoryski. E o livro não teve muito boa recepção na Polônia...[37] Mas

---

[35] Charles Lefeuve é o autor da obra *Les anciennes maisons de Paris* (1857-1859).

[36] NGUYEN-TRONG-HIÊP, *Paris, capitale de la France. Recueil de vers*. Hanoi, 1897.

[37] O romance *Catherine-Paris*, da princesa Marta Bibesco, foi publicado em 1927. Benjamin escreveu uma resenha da tradução alemã (*Paris als Göttin*/Paris, uma deusa, in: GS, v. 3, p. 139-142).

nem todos os adoradores puseram aos pés da cidade a sua veneração em forma de romance ou de poesia: ainda há pouco tempo Mario von Bucovich expressou de forma bela e convincente a sua dedicação através da fotografia, e Morand confirmou-lhe, num prefácio a este álbum, o direito ao seu amor.[38]

A cidade espelha-se em milhares de olhos, em milhares de objetivas. Não foram apenas o céu e a atmosfera, os anúncios luminosos nos *boulevards*, à noite, que fizeram de Paris a "cidade-luz". Paris é a cidade-espelho: liso como um espelho é o asfalto das suas ruas. Na fachada de todos os *bistros,* painéis de vidro: as mulheres veem-se ao espelho neles, mais do que em qualquer outro lugar. A beleza da parisiense saiu desses espelhos. Antes de o homem vê-la, já dez espelhos a observaram. Também o homem se vê rodeado por uma profusão de espelhos, sobretudo nos cafés (para tornar mais claro o interior e para dar uma amplidão mais agradável a todos os pequenos recantos e divisões dos locais parisienses). Os espelhos são o elemento espiritual desta cidade, o seu brasão, no qual se inscreveram ainda os emblemas de todas as academias poéticas.

Tal como os espelhos devolvem logo, apenas simetricamente deslocados, todos os reflexos, assim também funciona a técnica das réplicas nas comédias de Marivaux: os espelhos lançam o exterior movimentado, a rua, no interior de um café, do mesmo modo como Hugo e Vigny gostavam de captar atmosferas e situar as suas narrativas num "pano de fundo histórico".

Os espelhos foscos e mal conservados que encontramos nas paredes das tabernas são o emblema do naturalismo de Zola; o modo como se refletem uns nos outros em séries infinitas é o contraponto da infinita recordação de recordações em que, sob a pena de Marcel Proust, se transformou a sua própria vida. Aquela recente coleção de fotografias com o título *Paris*, a que aludi, fecha com uma imagem do Sena. Ele é o grande espelho de Paris, sempre desperto. Dia a dia, a cidade lança as suas sólidas construções e as suas nuvens sonhadoras como imagens neste rio. Ele recebe, magnânimo, as suas oferendas e, em sinal de agradecimento, fragmenta-as em mil pedaços.

---

[38] O livro de Mario Bucovich intitula-se *Paris* e foi publicado em Berlim em 1928 com um prefácio de Paul Morand.

Marselha

La rue... seul champ d'expérience valable.
André Breton

Marselha — dentadura de foca amarela e cariada, com a água salgada a escorrer-lhe por entre os dentes. Se a sua goela abocanha os corpos proletários negros e pardos com que as companhias de navegação o alimentam ao ritmo das rotas de navegação, liberta-se delas um cheiro a óleo, urina e tinta de impressão. É o cheiro do tártaro que se agarrou às fortes maxilas: quiosques de jornais, latrinas e barracas de ostras. A população do porto é uma cultura de bacilos: carregadores e putas, produtos em decomposição com semelhanças humanas. Mas o palato é cor-de-rosa, que aqui é a cor da vergonha e da miséria. Os corcundas vestem-se assim, e as mendigas. E as mulheres descoradas da rue Bouterie recebem a sua única cor da única peça de roupa que vestem: as camisolas cor-de-rosa.

Les bricks: é assim que se chama o bairro das prostitutas, que foi buscar o seu nome às chatas que, a cem metros dali, estão amarradas ao pontão do Porto Velho. Um armazém imenso de degraus, arcos, pontes, varandas e porões. Parece esperar ainda pelo seu uso correto, uma utilização para um fim adequado. E no entanto já o tem, porque este depósito de vielas gastas é o bairro das prostitutas. Invisíveis, correm as linhas que dividem o território entre os seus legítimos donos, retas e angulosas como as das colônias africanas. As prostitutas colocam-se estrategicamente, prontas para um aceno que as leva a armar o cerco aos indecisos, a empurrar os recalcitrantes como uma bola de um lado da rua para o outro. Se não perder mais nada nesse jogo, não se livra pelo menos de perder o chapéu. Haverá algum que tenha penetrado tão profundamente no monte de esterco destas casas para chegar ao âmago do gineceu, o quarto onde se alinham em prateleiras ou se empilham em ganchos os emblemas saqueados da virilidade: chapéus de palha, chapéus-coco, tiroleses, borsalinos, bonés de jóquei? Passando por várias tabernas, o olhar desemboca no mar. A ruela corre assim até lá, ao longo de uma série de casas inocentes, como que protegida do porto por uma mão pudica. Mas nesta mão pudica e gotejante brilha um anel de sinete na mão dura de uma peixeira, a velha Câmara Municipal.

Há duzentos anos erguiam-se aqui casas patrícias. As suas ninfas de peitos altos, as suas cabeças de Medusa eriçadas de serpentes sobre os aros das portas já decrépitos tornaram-se agora claramente emblemas de uma corporação. Também se podia ter pendurado tabuletas como a da parteira Bianchamori, que, encostada a uma coluna, desafiando todas as alcoviteiras do bairro, aponta com displicência para um rapazinho robusto prestes a sair de uma casca de ovo.

Ruídos. Lá em cima, nas ruas desertas do bairro do porto, eles são tão densos e tão voláteis como as borboletas nos canteiros dos climas quentes. A cada passo levanta-se, assustada, uma canção, uma briga, o bater de roupa molhada, ruído de tábuas, choro de bebês, ranger de baldes. Mas temos de nos perder sozinhos por aqui para persegui-los com a rede de borboletas quando eles, cambaleantes, se soltam para esvoaçar no silêncio. Nestes recantos solitários, todos os sons e todas as coisas têm ainda o seu silêncio próprio, como aquele que é próprio das alturas, de onde se ouve ao meio-dia o silêncio dos galos, dos machados e dos grilos. Mas a caçada é perigosa, e por fim o perseguidor sucumbe quando, como um enorme vespão, uma pedra de amolar o trespassa por trás com o seu ferrão sibilante.

Notre Dame de la Garde. A colina da qual ela olha lá para baixo é o manto de estrelas da mãe de Deus no qual se aninham as casas da Cité Chabas. De noite, as luzes no seu interior de veludo formam constelações que ainda não têm nome. Tem um fecho de correr: a cabina lá em baixo, no cabo de aço do funicular, é a joia em cujos vitrais coloridos se reflete o mundo. Um forte desativado serve-lhe de pedestal sagrado, e tem à volta do pescoço uma oval de coroas votivas que parecem perfis em relevo dos seus antepassados. Os brincos são correntinhas de vapores e veleiros, e dos lábios ensombrados da cripta sai um ornamento de bolas cor de rubi e douradas das quais o enxame de peregrinos pende como moscas.

Catedral.[39] A catedral ergue-se na praça mais deserta e mais ensolarada. Aqui tudo é morto, apesar de a sul, a seus pés, estar o porto, La

---

[39] Este texto repete o de "Recordações de viagem", em *Rua de mão única* (Autêntica, 2013, p. 42-45).

Joliette, e a norte um bairro proletário. Ali se ergue aquela construção erma, lugar de transação de impalpáveis e insondáveis mercadorias, entre o cais e o armazém. Trabalhou-se nela perto de quarenta anos. Mas quando, em 1893, a obra foi concluída, o lugar e o tempo conjuraram-se neste monumento contra arquitetos e promotores, e venceram: dos vastos recursos do clero nasceu uma gigantesca estação ferroviária que nunca foi aberta ao tráfego. Pela fachada reconhecem-se as salas de espera no interior, onde estão sentados os passageiros da primeira à quarta classes (mas perante Deus são todos iguais), entalados, como entre malas, nos seus haveres espirituais, lendo livros de cânticos que, com as suas concordâncias e correspondências, são muito parecidos com os guias ferroviários internacionais. Nas paredes estão afixados extratos dos regulamentos ferroviários, como se fossem cartas pastorais, consultam-se as tabelas de indulgências para as viagens especiais no trem de luxo de Satanás, e mantêm-se operacionais, na sua forma de confessionário, cabines onde os que se lançam a longas viagens podem lavar corpo e alma. É a estação da religião em Marselha. Daqui partem, à hora da missa, trens com vagões-cama, com destino à eternidade.

A *luz* dos lugares de hortaliça que se vê nos quadros de Monticelli[40] vem das ruas interiores da sua cidade, dos monótonos bairros residenciais da população local, que sabe alguma coisa da tristeza de Marselha. Na verdade, a infância é o vedor da melancolia, e para se conhecer a tristeza de cidades tão gloriosamente cintilantes é preciso ter sido criança nelas. Ao viajante nada dirão as casas pardas do Boulevard de Longchamps, as grades das janelas do Cours Puget e as árvores da Allée de Meilhan, se por acaso não for dar ao necrotério da cidade, a Passage de Lorette, aquele pátio acanhado onde grupos sonolentos de homens e mulheres convocam o mundo inteiro e o reduzem a uma única tarde de domingo. Uma sociedade imobiliária gravou o seu nome no portal. Não será esse espaço interior a exata correspondência daquele enigmático navio branco ancorado no porto – o *Nautique*, que nunca zarpou, para, em vez disso, poder apresentar diariamente aos estrangeiros comidas demasiado limpas e com aspecto deslavado?

---

[40] Adolphe Monticelli, pintor nascido em Marselha (1824) e que aí morreu (1886). Pertencia à escola de Barbizon, ligada a Cézanne.

Barracas de ostras e mariscos. Uma insondável umidade gotejante que, como um aguaceiro sujo, se derrama sobre as vigas sujas, limpando-as, corre sobre a montanha verrugosa de mariscos rosados e passa pelas coxas e barrigas de budas vidrados, por cúpulas amarelas de limões e desce até ao pântano dos agriões e borbulha através do bosque de bandeirinhas francesas para finalmente, como o melhor condimento do animal fremente, irrigar a nossa garganta. *Oursins de l'Estaque, portugaises, marennes, clovisses, moules marinières* – tudo isso é permanentemente coado, agrupado, contado, aberto, rejeitado, preparado, saboreado. E o papel, indolente e estúpido intermediário do comércio interno, não tem lugar no elemento desencadeado, na ressaca dos lábios espumejantes que vai batendo sem parar nos degraus gotejantes. Em frente, no outro cais, estende-se a cordilheira dos *souvenirs,* o além mineral dos bivalves. Forças sísmicas formaram as torres de vidro fundido, calcário, esmalte, nas quais se encaixam tinteiros, navios, âncoras, colunas de mercúrio e sereias. A pressão de mil atmosferas sob a qual se comprime, se ergue e se empilha aqui este mundo de imagens é a mesma força que, nas mãos duras dos marinheiros depois de uma longa viagem, se põe à prova nas coxas e nos seios de mulheres; e a volúpia que, nas caixas feitas de cascas, arranca ao mundo da pedra um coração de veludo vermelho ou azul para o entremear de agulhas e pregadores, é a mesma que faz estremecer esta ruela nos dias de pagamento.

Muros. É admirável a disciplina a que eles foram submetidos nesta cidade. Os melhores, no centro, usam libré e estão a soldo da classe dominante. Estão cobertos de padrões berrantes, e entregaram-se a todo o comprimento, muitas centenas de vezes, ao último anis, às "Dames de France", ao "Chocolat Meunier" ou ao Dolores del Rio. Nos bairros mais pobres são mobilizados ao serviço da política e dispõem as suas grandes letras vermelhas como correios que anunciam os guardas vermelhos diante dos estaleiros e dos arsenais.

O *farrapo humano* que, ao anoitecer, vende livros na esquina da Rue de la République com o Vieux Port, desperta maus instintos nos transeuntes. Dá-lhes vontade de se aproveitarem de uma miséria tão fresca. E apetece-lhes saber mais daquele infortúnio sem nome do que a imagem de catástrofe que ele nos oferece. Perguntamo-nos a que ponto pode ter chegado alguém para despejar no asfalto o que lhe restou dos seus livros e agora esperar que um indivíduo que passe por aqui a horas tardias seja assaltado por um desejo de leitura. Ou será qualquer coisa de muito diferente uma alma que aqui está de guarda e nos suplica, muda, que levantemos o tesouro deste montão de ruínas? Passamos apressados. Mas pararemos de novo, intrigados, a cada esquina, porque o mendigo do sul põe sempre o manto de pedinte sobre os ombros de uma maneira que o destino nos olha a partir dele com mil olhos. Que longe estamos da triste dignidade dos nossos pobres, dos inválidos de guerra da luta da concorrência, dos quais pendem cadarços e caixas de pomada como se de galões e medalhas se tratasse.

Subúrbios. Quanto mais nos afastamos do centro, tanto mais política se torna a atmosfera. Vêm as docas, os portos interiores, os silos, os bairros da pobreza, os asilos dispersos da miséria: a periferia. Os subúrbios são o estado de sítio da cidade, o terreno no qual se desenrola sem cessar a grande e decisiva batalha entre a cidade e o campo. Em nenhum outro lugar ela é mais encarniçada do que entre Marselha e a paisagem provençal. É a luta corpo a corpo dos postes telegráficos contra as piteiras, do arame farpado contra as palmeiras espinhosas, da névoa de corredores fétidos contra a penumbra úmida dos plátanos em praças em efervescência, de escadarias ofegantes contra as majestosas colinas. A longa Rue de Lyon é o carreiro de pólvora que Marselha escavou na paisagem para fazê-la explodir em Saint Lazare, Saint-Antoine, Arenc, Septèmes, e a cobrir de estilhaços de todas as línguas dos povos e das firmas comerciais. Alimentation Moderne, Rue de Jamaïque, Comptoir de la limite, Savon Abat-Jour, Minoterie de la Campagne, Bar du Gaz, Bar Facultatif – e por cima de tudo isso o pó, que aqui é composto de sal do mar, calcário e mica, e cujo amargor permanece mais tempo na boca daqueles que experimentam vir a esta cidade do que o reflexo do sol e do mar nos olhos dos seus adoradores.

San Gimignano

À memória de Hugo von Hofmannsthal

Encontrar palavras para aquilo que temos diante dos olhos é qualquer coisa que pode ser muito difícil. Mas, quando chegam, batem com pequenos martelos contra o real até arrancarem dele a imagem, como de uma chapa de cobre. "Ao entardecer, as mulheres reúnem-se na fonte junto à porta da cidade para ir buscar água em grandes cântaros" – só quando encontrei essas palavras a imagem me apareceu, saindo das vivências demasiado ofuscantes, num relevo duro de sombras profundas. Que sabia eu antes dos salgueiros de folhagem branca e flamejante que à tarde, com as suas minúsculas chamas, montam guarda em frente às muralhas? Outrora, as treze torres tiveram de se entender para conviverem num espaço exíguo, e depois cada uma ocupou sensatamente o seu lugar, e ainda ficou muito espaço entre elas.

Para quem vem de longe, a cidade surge subitamente tão silenciosa como se tivesse entrado por uma porta para dentro da paisagem. Não tem aspecto de um lugar do qual nos possamos aproximar mais. Mas se conseguimos, caímos-lhe no regaço e perdemo-nos no meio da zoada dos grilos e do alarido das crianças.

É visível como os muros foram ficando mais fechados ao longo de muitos séculos; quase não há uma casa sem vestígios de arcos amplos sobre as portas estreitas. As aberturas, das quais agora saem panos de linho sujos para proteger dos insetos, já foram portões de bronze. Foram deixados na alvenaria, perdidos, restos dos antigos ornamentos de pedra que agora lhe conferem uma aparência heráldica. Se entrarmos pela Porta San Giovanni, sentimo-nos num pátio, e não na rua. As próprias praças são pátios, e sentimo-nos protegidos em todas. Aquilo que tantas vezes encontramos nas cidades meridionais em nenhuma é mais sensível do que aqui: que os seus habitantes têm de fazer um esforço para se concentrarem naquilo de que precisam, de tal modo as linhas destes arcos e ameias, a sombra e o voo das pombas e das gralhas os fazem esquecer as suas necessidades. É-lhes penoso furtar-se a este presente excessivo, ter diante de si a manhã ao anoitecer e o dia durante a noite.

Por toda parte onde podemos estar de pé, podemos também sentar-nos. Não só as crianças, mas também as mulheres têm o seu lugar na soleira da porta, fisicamente muito próxima da terra, dos seus costumes e talvez dos seus deuses. A cadeira à porta de casa já é sinal de inovação urbana. Só os homens fazem uso dos assentos grosseiros dos cafés.

Nunca antes assisti assim da minha janela ao nascer do Sol e da Lua. Quando estou deitado na cama à noite ou à tarde, só existe céu. Começo a acordar por hábito pouco antes do nascer do Sol. Depois, espero que o Sol suba por trás dos montes. Há um primeiro momento, efêmero, em que ele não é maior do que uma pedra, uma pedrinha em fogo sobre a crista do monte. Aquilo que Goethe disse da Lua: "Sobe o teu halo com brilho de estrela",[41] ninguém ainda o entendeu para o Sol. Neste caso, não há estrela, mas pedra. Os primitivos deviam ter o poder de conservar essa pedra como talismã e com isso tornar as horas propícias.

Olho do cume da muralha da cidade. O campo não se ufana dos seus edifícios e dos seus aglomerados populacionais. Há muita coisa aí, mas protegida e na sombra. As quintas, nas quais não se construiu para além do estritamente essencial, são mais distintas que qualquer mansão no meio de um parque, não apenas no traçado, mas também em cada tom dos tijolos e das vidraças. O muro a que me encosto, porém, partilha o segredo da oliveira, cuja copa, uma coroa dura e quebradiça, se abre ao céu em mil brechas.

No sexagésimo aniversário de Karl Wolfskehl[42]
Uma recordação

Muito mistério envolve um poema. Não se pense que o único segredo é o da sua escrita. Karl Wolfskehl escreveu muitos poemas. Não se pense que esse é o seu único segredo, o de tê-los escrito. Pretendo falar aqui de um outro.

---

[41] O verso é do poema de Goethe "Dem aufgehenden Vollmonde" [À Lua cheia a nascer], escrito no castelo de Dornburg em 25 de agosto de 1828.

[42] Karl Wofskehl (1868-1948): poeta e prosador próximo do círculo de Stefan George durante a juventude, contribuiu para a redescoberta da poesia barroca alemã e da filosofia de Bachofen.

Para isso tenho, no entanto, de lhe pedir autorização para recorrer a uma recordação que dele tenho. Foi naquele quarto dos fundos onde vivia o meu amigo Franz Hessel, um quarto que, sem ter qualquer inclinação, era o mais acabado exemplo da mansarda do poeta que se possa imaginar. Wolfskehl estava sentado lá uma noite, já tarde, em frente à cama larga que, com o tom verde desmaiado e poeirento da colcha, põe diante dos olhos de quem entra, melhor que as tabelas experimentais da casa de Goethe, o efeito ético-sensorial da cor. E foi ainda mais tarde nessa noite que eu apareci. Esqueci-me do tema da conversa dos dois. Não será, afinal, toda conversa autêntica uma série de arrebatamentos na qual, como no sonho, paramos subitamente, sem fazer ideia de como chegamos a esse lugar? Foi num desses momentos que Wolfskehl pegou no volume de *Das Jahrhundert Goethes* [O Século de Goethe], que estava em algum lugar numa das prateleiras, e começou a ler. Bem gostaria – ainda que apenas em honra do grande bibliômano e bibliófilo que é Wolfskehl – de dizer alguma coisa mais sobre esse livro, uma antologia editada pela revista *Blätter für die Kunst* pela primeira vez em 1902. Estava-se numa época em que os livros ainda tinham uma concepção de artista, este, naturalmente, de Lechter.[43] O texto tinha uma moldura de motivos vegetais azuis repetidos (cheios e sempre os mesmos), e na folha de rosto figurava a chancela do editor, a urna levantada por dedos na vertical, e de cujo bocal saem todas as serpentinas e dísticos dos pré-rafaelitas. Mas não adianta descrever o livro. Hessel possuiu em tempos certamente esta edição, mas a sua mão leve, por desdém e generosidade, não se deteve perante esta preciosidade. Há muito tempo que uma edição corrente e anódina ocupou o seu lugar, e foi desta que Wolfskehl leu:

> *sonolentas, repousam as folhas cansadas do sol,*
> *reina o silêncio na floresta, só uma abelha*
> *zumbe na flor, em diligência lânguida.*[44]

---

[43] Melchior Lechter (1865-1937): artista do *Jugendstil* [Arte Nova] conhecido pelas suas capas e ilustrações, e também pela pintura em vidro; concebe as edições das *Obras Completas* de Stefan George e também do *Trésor des humbles*, de Maurice Maeterlinck. A revista *Blätter für die Kunst* [Folhas de Arte], dirigida pelo poeta Stefan George entre 1892 e 1919, foi uma das mais representativas publicações do Esteticismo e do Simbolismo do Fim de Século alemão.

[44] *Schläfrig hangen die sonnenmüden blätter, / Alles schweigt im walde, nur eine biene / Summt dort an der blüte mit mattem eifer*: é o começo de um poema por Nikolaus

Leu os quarenta e três versos trocaicos do poema. E ao ouvi-los pela primeira vez da sua boca, os poucos poemas que há anos ou decénios habitam o meu espírito apertaram-se para receber este último forasteiro retardatário. Chegado a casa, a primeira coisa que fiz foi procurar a antologia da qual ele tinha lido. Não foi apenas o poema que Wolfskehl nos tinha lido que se abriu para mim, foi toda a antologia. Foi uma daquelas raras ocasiões em que tomamos consciência de como, afinal, toda poesia só oralmente se reproduz e se constrói. Uma experiência apenas comparável à daquela tarde em que a voz de Hofmannsthal desceu de repente sobre um poema de *Die Fibel*[45] e a brisa fresca da primeira poesia de George, vinda da distância, passou por mim pela primeira e última vez. E assim uma voz verdadeiramente hermética me escoltou, subindo o rio das palavras de Lenau para me conduzir às alturas intransitáveis onde, por volta de 1900 e à sombra de algumas figuras proeminentes, Hölderlin, Jean Paul, Bachofen, Nietzsche, se tinha renovado a poesia alemã. Mas essa força hermética, a voz só a possuía em tal grau porque, seguindo os seus caminhos dessa maneira, esperávamos descobrir o seu segredo. Há muitos anos, alguém que conseguiu chegar aí deu ao poeta um nome de deuses: hermopã. E não havia naquela voz um Pã retardatário a murmurar esse poema de Lenau sobre o pânico do meio-dia? Que Karl Wolfskehl conhece o destino de deuses que há muito se emanciparam da mitologia, mostraram-no exatamente alguns dos seus últimos trabalhos – "Lebensluft", "Die neue Stoa" [Sopro de vida, Os novos estoicos]. De qualquer modo, Hermes é, no sentido mais rigoroso e mítico, precisamente aquele que como nenhum outro se equipara aos outros deuses e a eles se liga numa forma nova, talvez mais efêmera e mais pairante. Mas, apesar da força do seu peso, a forma desse homem tem também algo de efêmero e pairante, que mais não fosse pela inquietação que o faz estar sempre em movimento e pelas muitas intuições e impulsos que, do mundo antigo dos Germanos ao dos Judeus, o preparam para acolher em si

---

Lenau (1802-1850), poeta do Romantismo tardio, incluído no terceiro volume da antologia de George e Wolfskehl *Deutsche Dichtung* [Poesia Alemã], publicado em 1910 em Berlim com o título *Das Jahrhundert Goethes*.

[45] *Die Fibel. Auswahl erster Verse* [A Cartilha. Escolha de Primeiros Versos], livro de poemas de Stefan George, publicado em 1901.

toda a tradição e toda a experiência. E para isso é preciso uma grande abundância de grandiosas abreviaturas! A maior parte delas tornaram-se conhecidas apenas através das fórmulas espantosas do seu espírito irônico, mas caracterizam o mundo dos seus pensamentos tão bem como a sua escrita, da qual uma grafóloga disse que ela precisava "de uma chave para poder ser lida". E essa escrita assemelha-se a quem a escreve pelo fato de ser um incomparável esconderijo de imagens. Um refúgio à escala da história universal, pois nele vivem, alojam-se, imagens, sabedorias, palavras de que não se pode dizer se teriam se afirmado nos nossos dias sem ele.

Talvez fosse este o momento inesquecível daquela hora de que queria falar aqui: ver o poema elevar-se da sua boca como um pássaro da poderosa árvore das sagas onde ele faz ninho com milhares de outros.

Sombras curtas (I)

Amor platônico

A essência e o tipo de um amor delineiam-se mais rigorosamente no destino que ele reserva ao nome – ao nome próprio. O casamento, que rouba à mulher o seu nome de família para colocar em seu lugar o do marido, acaba também – e isso se aplica a quase todas as formas de proximidade dos sexos – por não deixar intacto o seu nome próprio. Ela envolve-o e transfigura-o com diminutivos e nomes familiares sob os quais ele desaparece ao longo de anos e mesmo de decênios. No polo oposto ao do casamento nesse sentido amplo, e só assim – no destino do nome, e não no do corpo – verdadeiramente determinável, está o amor platônico, no seu único sentido autêntico e relevante: como amor que não sacia o seu desejo no nome, mas ama a mulher amada no nome, a possui no nome e no nome lhe faz todas as vontades. O ele preservar e proteger intocado o nome, o nome próprio, da amada – é isso e só isso a verdadeira expressão da tensão, do impulso para a distância, a que chamamos amor platônico. Para este amor, a existência da amada emana do seu nome como os raios que irradiam de um núcleo incandescente, e a própria obra do amante emana dele. Assim, *A divina comédia* não é mais do que a aura em volta do nome Beatriz; é a mais poderosa demonstração de que todas as forças e formas do cosmos emergem do nome, nascido intacto desse amor.

Uma vez não são vezes

A mais surpreendente evidência disso encontra-se no plano erótico. Enquanto um homem corteja uma mulher com a dúvida constante de vir a ser ouvido, a satisfação do seu desejo só pode vir no contexto dessa dúvida, ou seja, como libertação, como decisão. Mas, mal ela se concretizou nessa forma e já uma nova e insuportável nostalgia pela satisfação pura e simples pode surgir num instante em seu lugar. A primeira satisfação é absorvida em maior ou menor grau na recordação, pela decisão, ou seja, pela sua função em relação à dúvida, e torna-se abstrata. Assim, confrontado com a satisfação pura e absoluta, esse "uma vez" pode tornar-se "vez nenhuma". Por outro lado, aquela pode também desvalorizar-se, eroticamente, enquanto pura e absoluta. Assim, por exemplo, quando uma aventura banal, na memória, nos toca muito de perto, se nos afigura brutal e súbita, e nós anulamos essa primeira vez, dizendo que ela foi nenhuma vez, porque buscamos as linhas de fuga da expectativa para ficarmos sabendo como a mulher se anula diante de nós como seu ponto de interseção. Em D. João, o felizardo do amor, o segredo é o modo como ele, em todas as suas aventuras, convoca fulminantemente e em convergência a decisão e a arte de bem fazer a corte, como recupera a esperança no êxtase e antecipa a decisão ao fazer a corte. Esse "de-uma-vez-por-todas" do prazer e essa imbricação de tempos só musicalmente podem ganhar expressão. D. João exige a música como lente ustória do amor.

A pobreza acaba sempre perdendo

Que nenhum camarote de gala tem um preço tão exorbitante como o do bilhete de entrada na natureza criada por Deus, que mesmo esta, com quem afinal aprendemos que ela gosta de se oferecer a vagabundos e pedintes, maltrapilhos e vadios, que guarda para o rico a sua face mais consoladora, mais tranquila e mais pura, ao penetrar na sombra fresca dos seus salões pelas janelas grandes e baixas – essa é a implacável verdade que uma *villa* italiana ensina àquele que atravessou pela primeira vez os seus portões para deitar um olhar ao mar e à montanha, ao lado dos quais o que ele viu lá fora empalidece como uma pequena foto Kodak comparada com um quadro de Leonardo. De fato, para o rico a paisagem está pendurada no caixilho da janela, e Deus assinou-a só para ele com mão de mestre.

Demasiado próximo

Em sonhos, na margem esquerda do Sena, diante da Notre-Dame. Era aí que eu estava, mas não havia aí nada que se pudesse comparar à Notre-Dame. Só uma construção de tijolo que se elevava, apenas com os últimos níveis da sua massa, acima de um alto molde de madeira. Mas eu, subjugado, estava mesmo diante da Notre-Dame. E o que me subjugava era a nostalgia. Nostalgia precisamente de uma Paris como essa em que eu me encontrava no sonho. De onde vinha então tal nostalgia? E de onde vinha aquele objeto desfigurado, desconhecido para ela? A explicação é: no sonho eu tinha chegado perto demais. A inaudita nostalgia que aqui, no coração do objeto da minha aspiração, me tinha assaltado não era aquela que, do longe, tende para a imagem. Era a nostalgia feliz que já atravessou o limiar da imagem e da posse e só conhece a força do nome de que a coisa amada vive, que se transforma, envelhece, rejuvenesce e, sem imagem, é refúgio de todas as imagens.

Ocultar planos

Poucos tipos de superstição são tão comuns como aquele que impede as pessoas de falarem umas com as outras dos seus propósitos e planos mais importantes. Esse comportamento não apenas atravessa todas as camadas da sociedade; também todas as espécies de motivação humana, da mais banal à mais oculta, parecem participar dele. É certo que o que é mais óbvio parece tão trivial e sensato que alguns pensarão que não há razão para falar de superstição. Nada de mais compreensível do que um homem a quem alguma coisa não correu bem tentar guardar para si o insucesso e, para se proteger dessa possibilidade, calar os seus planos. Mas essa é mais a superfície visível das suas motivações, o verniz do banal, que esconde as mais profundas. Por baixo esconde-se uma segunda camada, sob a forma de um vago saber do enfraquecimento da energia por ação da descarga motora da palavra, da satisfação motora substitutiva que ela traz. Só raramente se levou tão a sério como ele merece esse caráter destrutivo do discurso, que a mais simples experiência conhece. Se pensarmos que todos os planos decisivos estão associados a um nome, ou mesmo presos a ele, fácil se torna entender como sai caro o prazer de pronunciá-lo. Mas não há dúvida de que a essa segunda camada se segue uma terceira.

É a ideia de subir, como se fossem os degraus de um trono, apoiados na ignorância dos outros, sobretudo dos amigos. E, como se isso não bastasse, há ainda uma última e mais amarga camada em cujas profundezas Leopardi penetra com as palavras: "A confissão da própria dor não provoca compaixão, mas divertimento; e não desperta tristeza, mas alegria, não só nos inimigos, mas em todas as pessoas que dela tomam conhecimento, porque isso é a confirmação de que a vítima vale menos do que nós próprios". Mas quantas pessoas estariam em condições de acreditar em si mesmas se já a razão lhes segregasse o ponto de vista de Leopardi? Quantas, sentindo repugnância pela amargura de tal conhecimento, não o cuspiriam? Mas aí intervém a superstição, o condensado farmacêutico dos mais amargos ingredientes, cujo gosto ninguém suportaria individualmente e isolado. A sabedoria popular e os provérbios sabem que o homem prefere obedecer ao que é obscuro e enigmático a ter de ouvir, na linguagem do bom senso, o sermão sobre toda a dureza e todo o sofrimento da vida.

Como reconhece alguém a sua força?

Pelas suas derrotas. Quando fracassamos devido à nossa fraqueza, desprezamo-nos e envergonhamo-nos dela. Mas aquilo em que somos fortes leva-nos a desprezar a nossa derrota, e a vergonha recai sobre a nossa má sorte. Reconheceríamos então a nossa força pelas vitórias e pela sorte? Quem é que não sabe que são precisamente elas que mais põem a nu as nossas mais fundas fraquezas? Quem é que, depois de uma vitória na luta ou no amor, não sentiu passar sobre si, como um calafrio voluptuoso de fraqueza, a pergunta: eu? Isso acontece a mim, o mais fraco? Outra é a situação depois de uma série de derrotas, quando aprendemos todas as manhas para nos voltarmos a pôr de pé e nos banhamos na vergonha como no sangue do dragão. Quer se trate da glória, do álcool, do dinheiro, do amor – quando alguém conhece a sua força, não conhece honra, nem medo do ridículo, nem postura. Nem um judeu usurário se mostra mais impertinente com o seu cliente do que Casanova com a Charpillon. Essas pessoas têm na sua força a sua morada. Uma morada muito especial e terrível, mas é esse o preço de toda força. Existência dentro de um tanque. Se morarmos lá dentro, somos estúpidos e inacessíveis, caímos em todos os fossos, saltamos por cima de todos os obstáculos, revolvemos a porcaria e profanamos a terra. Mas só quando estamos assim sujos somos invencíveis.

Da crença nas coisas que nos profetizam

Explorar o estado em que se encontra alguém que apela aos poderes obscuros é um dos mais seguros e curtos caminhos para o conhecimento e a crítica desses poderes. Cada prodígio tem dois lados, um voltado para quem o faz, e o outro para quem o recebe. E não poucas vezes o segundo é mais elucidativo que o primeiro, porque já contém em si o segredo deste. Se alguém mandou traçar a imagem grafológica ou quiromântica da sua vida, fazer o seu horóscopo, perguntamo-nos simplesmente, por agora: que se passa com ele? Poder-se-ia pensar que, antes de mais nada, se trata de comparar e testar. Com maior ou menor ceticismo, verificará todas as afirmações uma a uma. Mas, de fato, não é nada disso que se passa. Antes o contrário. Há sobretudo uma curiosidade em relação ao resultado, tão impaciente como se tivesse de esperar informações sobre alguém que lhe é muito importante, mas totalmente desconhecido. O combustível que alimenta esse fogo é a vaidade. Em pouco tempo é um mar de chamas, porque agora foi confrontado com o seu nome. Mas se a exposição do nome é, por si só, um dos mais fortes efeitos que se podem fazer sentir sobre quem o usa (os Americanos passaram isso à prática, interpelando os Smith e os Brown a partir dos anúncios luminosos), na adivinhação ela relaciona-se, obviamente, com o conteúdo da profecia. E o que se passa então é o seguinte: a chamada imagem interior do nosso próprio ser, que trazemos conosco, é pura improvisação, minuto a minuto. Orienta-se, se assim se pode dizer, totalmente pelas máscaras que lhe são apresentadas. O mundo é um arsenal de tais máscaras. Só o homem atrofiado e desolado as busca em si mesmo para se dissimular, porque nós próprios somos quase sempre pobres em imagens interiores. Por isso nada nos faz mais felizes do que ver alguém aproximar-se de nós com uma caixa cheia de máscaras exóticas, mostrando-nos os exemplares mais raros, a máscara do assassino, do magnata das finanças, do navegador de longo curso. Ver através delas deixa-nos encantados. Vemos as constelações ou os momentos em que fomos verdadeiramente um ou outro, ou tudo ao mesmo tempo. Todos aspiramos ao êxtase desse jogo de máscaras, e é disso que vivem ainda hoje os cartomantes, quiromantes e astrólogos. Eles sabem como nos transportar para uma daquelas silenciosas pausas do destino em relação às quais só mais tarde percebemos que elas continham o germe de um destino muito diferente daquele que nos coube. E sentimos, com um frêmito profundo e feliz, naquelas imagens aparentemente tão indigentes, aparentemente tão distorcidas de nós próprios que o charlatão nos apresenta, que nessa situação o destino pode parar como um coração. E apressamo-nos tanto mais a dar-lhe razão quanto mais avidamente sentimos subir em nós as sombras de uma vida não vivida.

Sombras curtas

Quando se aproxima a hora do meio-dia, as sombras são apenas os contornos negros, nítidos aos pés das coisas, prontas a regressar silenciosas, discretas, à sua toca, ao seu segredo. É então que, na sua plenitude densa e concentrada, chega a hora de Zaratustra, do pensador no "meio-dia da vida", no "jardim de verão". Na verdade, como o Sol no zênite da sua trajetória, é o conhecimento que abarca as coisas com o maior rigor.

Comida

Figos frescos

Quem sempre foi comedido no comer nunca soube o que é uma refeição a sério, nunca a conheceu a fundo. Desse modo conhece-se, quando muito, o prazer de comer, mas não a gula, o desvio da estrada plana do apetite, que conduz à selva da glutonice. Na glutonice juntam-se as duas coisas: a desmedida do desejo e a uniformidade daquilo que o sacia. Comer como um animal significa: de uma vez, sem deixar resto. Não há dúvida de que assim se chega mais ao fundo da coisa devorada do que pelo prazer de comer. Como quando se dá uma dentada na mortadela como se fosse um pão, como quando nos enfronhamos no melão como numa almofada, como quando lambemos o caviar de um papel estaladiço ou esquecemos pura e simplesmente tudo o mais que neste mundo é comestível diante de uma bola de queijo flamengo. Como tive eu pela primeira vez uma experiência dessas? Foi antes de uma decisão das mais difíceis. Tinha uma carta que ou enviava pelo correio ou rasgava. Andava com ela no bolso havia dois dias, mas nas últimas horas deixara de pensar nisso. Tinha decidido subir com o barulhento trenzinho até Secondigliano, atravessando a paisagem queimada pelo Sol. A aldeia lá estava, solene na sua tranquilidade quotidiana. Os únicos vestígios da festa de domingo eram os paus nos quais tinham girado as rodas de fogo, se tinham acendido as cruzes dos foguetes. Agora estavam ali, despidos. Alguns tinham ainda, a meia altura, a imagem de um santo napolitano ou de um animal. As mulheres estavam sentadas nos celeiros abertos, descascando o milho. Eu seguia vagarosamente o meu caminho, atordoado, quando dei com um carro cheio de figos, à sombra. Foi por puro ócio que me aproximei, foi por esbanjamento que comprei, por uns quantos *soldi*, um quarto de quilo. A mulher pesou generosamente. Mas, quando os frutos pretos, azuis, verde-claros, roxos e castanhos já estavam no prato da balança, percebi que a mulher não tinha papel para embrulhá-los. As donas de casa de Secondigliano trazem as suas vasilhas, e ela não estava preparada para *globetrotters*. Mas eu envergonhava-me de abandonar ali os frutos. Assim, saí dali com figos nos bolsos das calças e do casaco, figos em ambas as mãos estendidas, figos na boca. Não podia parar de comer, tinha de procurar defender-me o mais depressa possível daquela massa de frutos rijos que me tinham assaltado. Mas aquilo já não era comida, era um banho, de tal modo o aroma resinoso me penetrava na roupa, grudava em minhas mãos, enchia o ar através do qual eu ia arrastando o meu fardo. E a seguir veio o desfiladeiro do paladar, no qual, depois de vencidos o fastio e o enjoo, as últimas curvas, a vista se abre sobre uma inesperada paisagem do palato: uma maré de gula, insípida, contínua, esverdeada, que já só conhece as ondas fibrosas e pastosas da polpa dos frutos abertos, a transformação total de prazer em hábito, de hábito em vício. Senti subir em mim um ódio contra aqueles figos; tinha pressa em acabar com aquilo, libertar-me, afastar de mim aquelas coisas gordas que rebentavam, e comia para destruí-las. A dentada tinha recuperado a sua mais remota vontade. Quando arranquei do fundo do bolso o último figo, a carta estava grudada nele. O seu destino estava traçado, também ela tinha de ser sacrificada à grande limpeza: peguei-a e rasguei-a em mil pedaços.

Café crème

Quem, num hotel de Paris, pede que lhe sirvam o café da manhã no quarto, numa bandeja de prata guarnecida de nozes de manteiga e geleia, não sabe nada dele. É no *bistro* que ele deve ser tomado, onde, no meio de espelhos, o próprio *petit déjeuner* é um espelho côncavo no qual se reflete a menor imagem desta cidade. Em nenhuma outra refeição os ritmos são tão diferentes, do gesto mecânico do empregado que atira o copo de café com leite para o lava-louça, até ao prazer contemplativo com que, no intervalo entre dois trens, um viajante vai esvaziando lentamente a xícara. E tu próprio, talvez sentado ao seu lado, à mesma mesa, no mesmo banco, e no entanto muito longe dali, ocupado contigo próprio. Sacrificas a sobriedade matinal para tomar alguma coisa. E quantas coisas não tomas com esse café: toda manhã, a manhã deste dia e por vezes também a manhã perdida da vida! Se te tivesses sentado em criança a esta mesa, quantos navios não teriam cruzado o mar de gelo do tampo de mármore! Terias sabido como são as margens do Mar da Mármara. Olhando um *iceberg* ou uma vela, terias sorvido um gole para o pai e outro para o tio e outro para o teu irmão, até que as natas viessem dar à borda espessa da xícara, amplo promontório onde repousam os teus lábios. Como se desvaneceu a tua repugnância! A higiene e a rapidez com que tudo se passa: bebes, não embebes, não ensopas! Sonolento, tiras a *madeleine* do cesto do pão, parte-a, e nem sequer te apercebes de como ficas triste por não poder partilhá-la.

Falerno e bacalhau

O jejum é uma iniciação a muitos mistérios, e não menos aos mistérios do comer. E se a fome é o melhor cozinheiro, o jejum é rei entre os melhores. Conheci-o uma tarde em Roma, ao andar de fonte em fonte e subindo de escada em escada. Foi no regresso a casa, pelas quatro da tarde, no Trastevere, onde as ruas são largas e as casas pobres. Havia bastantes lugares onde comer no caminho. Mas eu sonhava com uma sala à sombra, chão de mármore, toalha branca impecável e talheres de prata, a sala de jantar de um grande hotel onde, àquela hora, bem poderia ser o único cliente. O leito do rio estava seco, nuvens de pó passavam por cima da Ilha do Tibre, e do outro lado esperava por mim a desolada via Arenula. Não contei as *osterie* que deixei para trás. Quanto mais fome tinha, menos elas me pareciam convidativas ou simplesmente aceitáveis. Numa, fugia dos clientes cujas vozes chegavam até aqui fora, noutra, da sujeira da cortina que esvoaçava no vão da porta; finalmente, passava furtivamente longe dos restaurantes, tão certo estava de que cada olhar só iria fazer crescer a minha repugnância. A isso veio juntar-se – qualquer coisa de muito diferente da fome – uma disponibilidade crescente dos nervos; nenhum lugar me parecia seguro, nenhuma comida suficientemente perfeita. E não era por sonhar com fantasmagorias das mais requintadas iguarias, com caviar, lagosta, galinholas. Não, dar-me-ia por satisfeito com a comida mais simples e mais modesta. Sentia que tinha aqui a oportunidade irrepetível de mandar os meus sentidos, todos presos à guia como cães, para as valas e os abismos dos mais elementares alimentos crus, do melão e do vinho, das muitas variedades de pão, das nozes, para neles descobrir um aroma nunca sentido. Já eram cinco horas quando dei comigo num terreno calçado, amplo e irregular, a Piazza Montanara. Uma das ruelas estreitas que aqui desembocam pareceu-me estar exatamente no meu caminho. Entretanto, tinha chegado a uma conclusão: ir para o meu quarto e comprar a comida à porta do hotel. Foi então que dei com o reflexo de uma janela iluminada, a primeira neste fim de tarde. Era uma *osteria*, onde as luzes se tinham acendido antes das das casas e das lojas. Através da janela via-se um único freguês, que se levantou para sair. De repente achei que tinha de ocupar o seu lugar. Entrei e sentei-me num canto; agora, era-me indiferente o lugar, enquanto que ainda há pouco fora tão seletivo e indeciso. Veio um rapaz, que perguntou apenas qual a medida de vinho que eu desejava; a variedade do vinho era qualquer coisa de óbvio aqui, ao que parecia. Comecei a sentir-me só, e tirei do bolso a varinha mágica negra que já tantas vezes me tinha envolvido numa profusão de letras, com aquele nome no meio, que agora misturava o perfume que marcava a minha solidão com aquele que vinha do Falerno. E perdi-me neles – nas letras, no nome, no perfume, no vinho –, até que um rumor me fez levantar os olhos. O salão estava cheio: operários das redondezas que se encontravam aqui com as mulheres, muitos também com filhos, para comerem fora de casa depois do dia de trabalho. Comiam também o bacalhau seco, o único prato que aqui se servia. Só agora reparei que também na minha mesa havia um prato cheio, e passou-me um calafrio de repulsa pela espinha. Depois, pus-me a observar as pessoas com mais atenção. Era gente com marcas muito definidas, habitantes do bairro muito unidos entre si; e como era um bairro de pequena-burguesia, não se via ninguém de classes mais altas, para não falar já de estrangeiros. Pelo meu aspecto, pelo modo como estava vestido, eu deveria ter dado nas vistas. Mas, curiosamente, ninguém se dignava olhar para mim. Será que ninguém dava por mim, ou parecer-lhes-ia que aquele que ali estava sentado, cada vez mais perdido na doçura do vinho, era também do lugar? Ao pensar nisso senti-me orgulhoso, apoderou-se de mim uma grande felicidade. Nada mais iria me distinguir da multidão. Guardei a caneta e senti um ruído de papel no bolso. Era o *Impero*, um jornal fascista que tinha guardado no caminho. Mandei vir mais um quartilho de Falerno, abri o jornal, enrolei-me todo na sua capa suja, forrada com os acontecimentos do dia, tal como a da Madonna com as estrelas da noite, e fui metendo na boca, lentamente, lascas de bacalhau seco até me saciar.

Borscht

Ele começa por cobrir-te o semblante com uma máscara de vapor. Muito antes de a língua molhar a colher, já os olhos choram, já as narinas pingam do *borscht*. Muito antes de as tuas entranhas se porem à escuta e o teu sangue se transformar numa onda que te varre o corpo com uma espuma aromática, já os teus olhos beberam do excesso vermelho deste prato. Agora, são cegos para tudo o que não seja o *borscht* ou o seu reflexo nos olhos da tua companheira de mesa. É o creme, pensas, que dá a esta sopa este brilho espesso. Talvez. Mas eu comi-a no inverno de Moscou, e tenho certeza de uma coisa: há neve nesta sopa, flocos avermelhados derretidos, é comida das nuvens, da espécie do maná que um dia também caiu do céu. E como este rio quente desfaz o pedaço de carne, que fica em ti como um campo lavrado do qual tu arrancas pela raiz a ervinha chamada "tristeza"! Não toques na vodca que está ao lado, deixa por cortar os *pirojkis*. Descobrirás então o segredo da sopa, a única comida que tem o dom de saciar suavemente, de te penetrar pouco a pouco, enquanto que com outras um seco "Basta!" te sacode desagradavelmente o corpo todo.

Pranzo caprese

Tinha sido a famosa cocote da aldeia em Capri, agora era a mãe sexagenária do pequeno Gennaro, em quem batia quando estava bêbeda. Vivia numa casa ocre na encosta íngreme, no meio de uma vinha. Eu vinha ver a amiga a quem ela tinha alugado um quarto. Bateram as doze horas lá em cima, em Capri. Não vi ninguém, o quintal estava vazio. Voltei a subir as escadas por onde tinha descido, e ouvi a velha atrás de mim. Estava na soleira da porta da cozinha, de saia e blusa, roupas desbotadas nas quais em vão se teriam procurado nódoas, tão perfeita e bem distribuída era a sujeira. *Voi cercate la signora. E partita colla piccola.*" Mas não deve demorar muito. Aquilo foi apenas o começo de uma torrente de palavras convidativas lançadas pela sua voz estridente e aguda, acompanhada de movimentos de cabeça convictos, ritmos que decênios antes devem ter tido um significado excitante. Teria sido preciso ser um *galantuomo* perfeito para lhe fugir, e eu nem sequer dominava o italiano. Mas deu para perceber que era uma intimação para almoçar com eles. Vi agora também o marido franzino que, junto da lareira, comia de uma terrina. Foi para esta que ela se dirigiu, para logo a seguir voltar com um prato, que me ofereceu sem parar de falar. Eu, porém, já perdera o que me restava da minha capacidade de compreensão do italiano. Percebi num instante que era tarde demais para ir embora. No meio de um vapor de alhos, feijão, gordura de cordeiro, tomates, cebolas, azeite, saiu a mão imperiosa que me estendia uma colher de estanho. Agora, leitor, vais pensar que ao engolir aquilo a náusea tomou conta de mim e que o estômago não encontrou nada de mais urgente para fazer que não fosse devolver aquela papa. Sabes muito pouco da magia da comida, eu próprio sabia muito pouco disso até o momento de que falo aqui. Provar aquilo não foi nada, foi apenas a transição decisiva, insignificante, entre duas coisas: primeiro, cheirar, depois, dominado por aquilo, ser totalmente sacudido, dos pés à cabeça, amassado por aquela comida, apanhado por ela como pelas mãos da velha prostituta, espremido e esfregado com o seu molho – se o da comida ou o da mulher, já não o saberia dizer. Foi cumprido o dever de cortesia, mas também o desejo da bruxa, e eu subi o monte, agora mais rico daquele saber de Ulisses ao ver os companheiros serem transformados em porcos.

Omelete de amoras

Esta velha história é para aqueles que agora estariam dispostos a tentar a sua sorte com os figos ou o Falerno, o *borscht* ou uma comida camponesa de Capri. Era uma vez um rei que chamava de seus todo poder e todos os tesouros do mundo, e apesar disso não conseguia andar alegre, ficando cada vez mais melancólico com o correr dos anos. Um dia, mandou chamar o seu cozinheiro particular, e disse-lhe: "Serviste-me fielmente muito tempo, puseste a minha mesa com as mais deliciosas iguarias, e por isso te tenho em muito apreço. Mas chegou a altura de me dares uma última prova da tua arte. Vais fazer-me uma omelete de amoras como aquela que comi há cinquenta anos, no começo da minha juventude. Nesse tempo, o meu pai andava em guerra com o malvado do seu vizinho a leste. Ele venceu, e nós tivemos de fugir. Fugimos dia e noite, o meu pai e eu, até que chegamos a uma floresta escura. Perdemo-nos nela, e estávamos quase morrendo de fome e cansaço, quando, finalmente, nos deparamos com uma cabana. Vivia ali uma velhinha, que amavelmente nos convidou a descansar, enquanto se ocupava de preparar qualquer coisa ao lume. Passado pouco tempo, estava diante de nós a omelete de amoras. Mas, mal levei o primeiro bocado à boca, senti-me maravilhosamente reconfortado, e nova esperança encheu o meu coração. Nessa altura eu era ainda uma criança e durante muito tempo não voltei a pensar no bem que me fizera aquela deliciosa comida. E quando, mais tarde, a mandei procurar por todo o reino, não se encontrou a velha, nem ninguém capaz de preparar a omelete de amoras. Se tu conseguires satisfazer este meu último desejo, faço de ti meu genro e herdeiro do reino. Se não satisfizeres o meu desejo, morrerás". Ao que o cozinheiro respondeu: "Senhor, bem podeis chamar já o carrasco. Na verdade, conheço bem o segredo da omelete de amoras e todos os ingredientes, desde o simples agrião até ao nobre tomilho. Conheço bem os versos que tenho de dizer ao mexer a panela, e como o batedor feito de madeira de buxo tem de girar sempre para a direita, para não deitar a perder todo o trabalho. E, apesar disso, ó rei, vou morrer. Apesar disso, não vais gostar de comer a minha omelete. Pois como irei eu condimentá-la com todos os sabores que naquela altura ela te ofereceu: os perigos da batalha e as cautelas do perseguido, o calor do fogo e o aconchego do repouso, o presente estranho e o futuro sombrio?". Assim falou o cozinheiro. Mas o rei ficou calado durante alguns instantes, e, conta-se, pouco depois despediu-o do seu serviço, regiamente carregado de presentes.

Romances policiais em viagem

São poucas as pessoas que leem no vagão do trem livros que tinham em casa; preferem comprar aqueles que podem arranjar no último momento. Desconfiam, e com razão, do efeito de livros há muito tempo colocados na lista de espera. Para além disso, talvez seja importante para elas fazer a sua compra no carrinho cheio de bandeirinhas que circula no asfalto da estação ferroviária. Todos conhecem o ritual para que ele nos convida. Todos já estendemos a mão para esses volumes içados, dançantes, menos pela alegria de ler do que pela sensação indefinida de estar fazendo alguma coisa que agrada aos deuses da estrada de ferro. Sabemos que as moedas que deixarmos nessa caixa de esmolas nos recomendam à misericórdia do deus da caldeira, que arde noite adentro, das náiades do fumo que se rebolam por cima do trem e do demônio dos solavancos, o senhor de todas as canções de embalar. Conhecemo-los a todos dos sonhos, conhecemos também as consequências das provas e dos perigos míticos que continuam a recomendar-se ao espírito do tempo na forma da "viagem de trem", e a fuga imprevisível das barreiras espaço-temporais que ela atravessa, começando no famoso "tarde demais" do atrasado, arquétipo de todos os fracassos, até a solidão do compartimento, o medo de perder a ligação e o horror da estação desconhecida em que se entra. Sem perceber bem como, sentimo-nos envolvidos numa luta de gigantes e reconhecemos em nós próprios a testemunha muda do combate entre os deuses do trem e da estação.

Similia similibus. A anestesia de um medo pelo outro é a salvação do viajante. Entre as folhas arrancadas de fresco dos romances policiais, ele procura as angústias ociosas e de certo modo virgens que o possam ajudar a superar as mais arcaicas da viagem. Nessa caminhada, ele pode chegar até a frivolidade e fazer de Sven Elvestad e do seu amigo Asbjörn Krag, de Frank Heller e do senhor Collins seus companheiros de viagem. Mas essa elegante companhia não vai com o gosto de todos. Talvez, em honra do horário dos trens, alguns desejem um companheiro mais exato, como Leo Perutz, autor daqueles contos fortemente ritmados e sincopados cujas estações se passam a correr, de relógio na mão, como as dos lugarejos provincianos ao longo da linha; ou outro que tenha mais compreensão pela incerteza do futuro ao encontro do qual se vai, para os enigmas não resolvidos que deixamos atrás de nós; então viajaremos com Gaston Leroux e, passando por *O fantasma da ópera* e *O perfume da dama de negro*, em breve nos sentiremos passageiros do *Trem fantasma* que no ano passado passou a alta velocidade pelos palcos alemães. Ou pensemos em Sherlock Holmes e no seu amigo Watson, e em como eles saberiam valorizar a inquietante familiaridade de um compartimento empoeirado da segunda classe, ambos passageiros mergulhados no seu silêncio, um atrás do guarda-vento do jornal, o outro atrás de uma cortina de nuvens de fumo. Mas também pode acontecer que todas essas figuras fantasmagóricas se dissolvam no nada perante a imagem, que de repente para nós se mostra, do retrato dessa autora de incomparáveis romances policiais que é A.K. Green. Temos de imaginá-la como uma velha senhora, de touca, especialista tanto nas complicadas relações das suas heroínas como naqueles enormes armários rangentes em que, segundo o ditado inglês, toda boa família tem um esqueleto escondido. Os seus contos breves dão no máximo para atravessar o túnel de São Gotardo, e os seus romances maiores, *Atrás de portas fechadas*, *Na casa do vizinho*, florescem na luz envolta num halo lilás do compartimento como violetas-das-damas.

Fiquemo-nos por aqui quanto ao que a leitura tem para oferecer ao viajante. Mas quanta coisa não oferece a viagem ao leitor! Em que outra situação ele se entrega tanto à leitura, a ponto de poder sentir que o destino do seu herói se mistura com o seu? Não será o seu corpo a lançadeira do tear que perfura incansavelmente, ao ritmo das rodas, a urdidura, o livro do destino do seu herói? Na diligência não se lia, tal como não se lê no automóvel. A leitura em viagem está tão ligada ao trem como a espera nas estações. Sabemos como muitas estações se parecem com catedrais. Mas queremos dar graças aos pequenos altares móveis e coloridos que um oficiante da curiosidade, do devaneio e da sensação, gritando, faz passar pelo trem, quando, envolvidos na terra que voa como num cachecol flutuante, sentimos por algumas horas percorrer-nos as costas o frêmito do *suspense* e os ritmos das rodas.

Mar nórdico

"O tempo em que vive mesmo aquele que não tem uma morada" torna-se um palácio para o viajante que não deixou nenhuma atrás de si. Durante três semanas, os seus salões, cheios do murmúrio das ondas, sucederam-se nos caminhos do Norte. Gaivotas e cidades, flores, móveis e estátuas apareceram nas suas paredes, e pelas suas janelas entrava luz, dia e noite.

Cidade. Se este mar for a Campagna, então Bergen fica nos Montes Sabinos. E assim é, de fato; o mar repousa, sempre sereno, no fundo do fiorde, e os montes têm a forma dos romanos. A cidade, porém, é nórdica. Por toda parte, vigas de madeira a estalar. As coisas são limpas: madeira é madeira, latão é latão, tijolo é tijolo.

A limpeza as faz regressar a si, identifica-as consigo próprias até a medula. Assim, tornam-se orgulhosas, não querem saber muito do que se passa aqui fora. Como os habitantes das remotas aldeias de montanha se relacionam intimamente na doença e na morte, assim também estas casas se interligam, com as suas escadas e os seus recantos. E onde houvesse ainda um pouco de céu para ver, há dois paus de bandeira de cada lado da rua, prontos a descer: "Pare sempre que houver nuvens a aproximar-se!". De resto, o céu ficou retido nas casinhas-tabernáculo, pequenas celas de madeira, góticas, vermelhas, das quais pende a corda de uma sineta para chamar os bombeiros. Em parte alguma se contou com o entretenimento ao ar livre; quando as casas burguesas têm um jardim à frente, ele está tão densamente plantado que ninguém pode ter a tentação de ficar por algum tempo nele. Talvez por isso, aqui as moças sabem ficar na soleira da porta, encostadas à ombreira, como nem no Sul acontece. A casa ainda tem limites estritos. Uma mulher que obviamente queria se sentar à porta de casa, não colocou a cadeira na perpendicular, mas paralela à frente da casa, no nicho da porta; é filha de uma estirpe que ainda há duzentos anos dormia em armários. Armários que ora tinham portas basculantes, ora gavetões, com até quatro lugares no mesmo móvel. O amor ficava aí muito mal alojado – o amor feliz, entende-se. Tanto melhor, por vezes, para o infeliz, se se tratasse de um amante frustrado como aquele em cuja cama fui encontrar o lado de dentro da porta preenchido com um grande retrato de mulher. Uma mulher o separava do mundo: mais do que isso nunca ninguém pôde dizer da sua melhor noite.

Flores. Enquanto as árvores se acanham, e já só se deixam ver atrás de cercas, as flores mostram-se de uma dureza insuspeitada. Não têm com certeza cores mais fortes que nos climas temperados, antes mais pálidas. Mas a sua cor destaca-se muito mais claramente de tudo o que as rodeia. As menores, amores-perfeitos e resedás, são mais selvagens, as maiores, sobretudo as rosas, mais significativas. As mulheres transportam-nas com cuidado através do grande terreno vazio, de um porto para o outro. Mas quando estão em vasos contra as vidraças das casas de madeira são menos uma saudação da natureza e mais uma muralha contra o que está fora. Quando o sol aparece, acaba todo o aconchego. Não se pode dizer verdadeiramente em norueguês que o sol tem boas intenções. Usa os momentos do seu domínio sem nuvens de maneira despótica. Durante dez meses no ano tudo aqui pertence à escuridão. Quando o sol chega, interpela todas as coisas, arranca-as à noite, faz delas propriedade sua, e toca a reunir as cores nos jardins – azul, vermelho e amarelo –, a guarda brilhante das flores que nenhuma copa ensombra.

Móveis. Para conhecer muita coisa sobre os antigos habitantes a partir da observação dos seus navios, teríamos, pelo menos, de saber remar. Em Oslo podem ver-se dois navios *vikings*; mas, para quem não remar, será melhor observar as cadeiras que se encontram no Museu de Etnologia, não muito longe de um desses barcos. Todo mundo sabe se sentar, e muitos compreenderão, ao olhar para aquelas cadeiras, o que há de especial nisso. É um enorme erro pensar que as costas e os braços das cadeiras se destinavam originalmente a proporcionar conforto. São cercas, concretamente, do lugar ocupado por aquele que se senta. Entre esses bancos de uma época arcaica encontrava-se um cujo assento, incrivelmente amplo, estava de tal modo cercado por uma grade que se julgaria que o traseiro era uma multidão que tinha de ser contida. Quem ali se sentava, fazia-o em nome de muitos. Todas as superfícies das antigas cadeiras estão mais próximas do chão do que as nossas. Mas essa curta distância tem para elas uma importância muito maior, porque o assento simboliza ainda a terramãe. Em todas está patente a sua função de dar dignidade, saber, respeito e conselho àqueles que nelas se sentavam. Por exemplo esta: uma cadeira pequena, muito baixa, o assento côncavo, as costas côncavas, tudo empurra, tudo balança para a frente, como se o destino tivesse lançado para o espaço, sobre uma onda, aquele que ali se sentava. Ou a cadeira de braços com uma arca sob o assento. Não é um móvel bonito, antes um móvel que se impõe, assento de um pobre, talvez. Mas quem nela se sentou sabia aquilo que mais tarde Pascal descobriu: "Ninguém morre tão pobre que não deixe nada".[46] E aquele trono: atrás do assento circular sem braços ergue-se a ábside polida e côncava do espaldar como a abóbada de uma catedral

---

[46] A citação de Pascal aparece, em contexto diferente, também no ensaio "O contador de histórias" (a ser incluído em próximo volume de Benjamin desta série da Autêntica).

românica de cuja altura o entronado olha aqui para baixo. Neste país, que acolheu mais tarde que todos os outros as "artes plásticas" – a escultura e a pintura –, um gênio construtor determinou a forma do mobiliário doméstico – armário, mesa e cama, até o mais baixo banco. Todos eles são inacessíveis; neles habitam ainda hoje, como seu *genius loci*, proprietários pelos quais, há séculos, foram verdadeiramente possuídos.

Luz. As ruas de Svolvaer estão vazias. E por trás das janelas as persianas de papel estão fechadas. Estarão as pessoas dormindo? Passa da meia-noite; numa das casas ouvem-se vozes, noutra ruídos de uma refeição. E cada som que ressoa na rua faz desta noite um dia que não figura no calendário. Entraste no armazém do tempo e olhas para pilhas de dias inaproveitados que a terra, há milênios, depositou sobre este gelo. O homem gasta o seu dia em vinte e quatro horas, esta terra apenas de seis em seis meses. Por isso as coisas permaneceram assim ilesas. Nem o tempo nem as mãos tocaram os arbustos no jardim sem vento e os barcos na água parada. Sobre eles encontram-se dois crepúsculos, partilham a sua posse como a das nuvens, e mandam-te para casa de mãos vazias.

Gaivotas. À noite, coração pesado como chumbo, angustiado, no convés. Há bastante tempo que sigo o jogo das gaivotas. Uma está sempre pousada no mastro mais alto e descreve os movimentos pendulares e irregulares que ele desenha no céu. Mas nunca é a mesma por muito tempo. Vem outra e, com dois batimentos de asas, pede o lugar à primeira, ou – não sei – afugenta-a. Até que, subitamente, a ponta fica vazia. Mas as gaivotas não deixaram de seguir o barco. Como sempre, continuam a descrever os seus círculos, a perder de vista. É outra coisa o que introduz uma ordem entre elas. O Sol já se pôs há muito tempo, a leste está muito escuro. O navio navega para sul. A oeste há ainda alguma claridade. O que agora se passou com os pássaros – ou comigo? – aconteceu por ação do lugar dominante e solitário que eu, por melancolia, escolhi no meio do castelo da popa. De repente, havia dois povos de gaivotas, as orientais e as ocidentais, as da esquerda e as da direita, tão diferentes que delas se perdeu o nome de gaivotas. Os pássaros da esquerda mantinham, contra o fundo do céu extinto, um resto da sua claridade, reluziam a cada curva para baixo e para cima, juntavam-se ou evitavam-se e pareciam tecer à minha frente, sem parar, uma série contínua e imprevisível de sinais, todo um entrelaçamento de asas infinitamente mutável e fugaz – mas legível. Mas o meu olhar deslizava, e eu acabava sempre por me encontrar com as outras. Aí, nada mais me aguardava, nada me falava. Mal tinha acompanhado as gaivotas de leste, que, voando contra um último brilho, se perdiam ao longe e regressavam com as suas asas recortadas num negro carregado, e já não conseguiria descrever o seu voo. Ele tocava-me tão profundamente que eu próprio regressava de longe, negro da experiência sofrida, um bando de asas silentes. À esquerda tudo eram ainda enigmas por decifrar, e o meu destino estava preso a cada aceno; à direita ele já tinha acontecido, e tudo fora um único aceno silencioso. Esse jogo de contrastes durou ainda muito tempo, até eu próprio não ser mais que o limiar por sobre o qual alternavam nos ares aqueles mensageiros sem nome, negros e brancos.

Estátuas. Uma sala com paredes verde-musgo. As quatro cobertas de estátuas. Entre elas algumas vigas ornamentadas, nas quais era possível decifrar, sobre os restos de tinta e de ouro, nomes como "Jasão" ou "Bruxelas" ou "Malvina". À esquerda de quem entrava, um boneco de madeira, uma espécie de mestre-escola de sobrecasaca e chapéu de três bicos. Tem o braço esquerdo professoralmente erguido, mas partido pouco abaixo do cotovelo, e faltam também a mão direita e o pé esquerdo. O homem é atravessado por um prego, e olha fixamente para cima. Alinhados junto às paredes há ainda caixotes grosseiros e vulgares. Alguns trazem escrito *"Livbaelter"*,[47] a maior parte deles, nada. Contando-os, podemos tirar as medidas da sala. Mais dois ou três caixotes, e eis uma mulher imponente em traje de cerimônia branco e ricamente ornado, com os opulentos peitos semidescobertos. Sobre uma base forte, um pescoço grosso de madeira. Lábios cheios, rachados. Abaixo do cinto, dois buracos. Um através do púbis, o outro mais abaixo, no vestido tufado que não deixa ver as pernas. Como ela, todas as outras figuras ao redor nascem de formas vagas, pouco articuladas. Não se dão bem com o chão, o seu apoio está nas costas. Entre os bustos e as estátuas descorados e rachados, uma figura de cores muito vivas, que as intempéries pouparam: o manto amarelo é

---

[47] "Coletes salva-vidas".

forrado de verde, a veste vermelha debruada de azul, a espada verde e cinzenta, o corno amarelo, usa barrete frígio e tem a mão sobre os olhos, olhando o horizonte: Heimdall.[48] E mais uma figura de mulher, mais senhoril ainda que a primeira. Uma peruca comprida deixa cair os seus caracóis sobre um corpete azul. Em vez de braços tem volutas. Imaginar o homem que colecionou todas estas estátuas, que as reuniu à sua volta, que as procurou por terra e mar, sabendo que só junto dele encontrariam, sabendo que só junto delas encontraria paz. Não foi nenhum amante das artes, não. Foi um viajante que buscava a sorte na distância quando ainda a podia encontrar em casa, e mais tarde ergueu a sua casa junto destas vítimas maltratadas pela distância e pelas viagens. Todas elas têm a face corroída por lágrimas salgadas, os olhares saindo de órbitas de madeira entalhadas, voltados para cima, os braços, quando ainda existem, cruzados sobre o busto, suplicantes. Quem são elas, tão indizivelmente desamparadas e revoltadas, estas Niobes do mar? Ou as suas mênades? Passaram por cima de cristas mais alvas que as da Trácia e foram espancadas por garras mais rudes que as das feras do séquito de Artemisa – elas, as figuras de proa. São figuras de proa, e estão na sala dos galeões do Museu de Oslo. Mas mesmo no meio da sala ergue-se, sobre um estrado, um timão. Não encontrarão, nem aqui, estas viajantes a sua paz? Terão de voltar a sair para enfrentar as ondas, eternas como o fogo do inferno?

A sala dos galeões no Museu de Oslo (fotografia de cerca de 1930).

---

[48] Deus da mitologia nórdica que guarda a ponte de Bifrost, o arco-íris entre o céu e a terra.

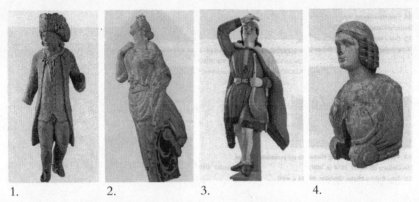

1. 2. 3. 4.

As figuras de proa: 1. "Mestre-escola de sobrecasaca";
2. Deméter/Ceres; 3. Heimdall; 4. Mulher de peruca comprida.
Fonte: BENJAMIN, W. *Werke und Nachlass. Kritische Gesamtausgabe*.
Frankfurt/M.: Suhrkamp Verlag, 2009, v. 8, p. 598-599.

Desempacotando a minha biblioteca
Uma palestra sobre o colecionador

Estou desempacotando a minha biblioteca. É verdade, os livros ainda não estão nas prateleiras, não os envolve ainda o tédio silencioso da ordem. Não posso também caminhar ao longo das suas fileiras para passá-los em revista em presença de um auditório benevolente. Não tendes de temer nada disso. Peço-vos apenas que me acompanhem nesta desordem de caixotes abertos, no ar cheio de pó de madeira, no chão cheio de papéis rasgados, sob as pilhas de livros que acabaram de ver de novo a luz do dia depois de dois anos de escuridão, para partilharem um pouco comigo o estado de espírito, nada elegíaco, antes tenso, que eles despertam num autêntico colecionador. É, de fato, alguém dessa estirpe que vos fala, e, no fundo, vos fala só de si. Não seria presunção insistir aqui numa pretensa objetividade, enumerando-vos as peças ou as seções mais importantes de uma biblioteca, ou a história da sua gênese, ou mesmo a sua utilidade para um escritor? As palavras que se seguem têm, de qualquer modo, a intenção de vos revelar algo de menos oculto, de mais palpável: o que me move é dar-vos uma ideia da relação de um colecionador com as peças da sua coleção, uma perspectiva da atividade de colecionar, mais do que de uma coleção. Faço-o, de modo arbitrário, refletindo sobre os diversos modos de adquirir livros. Essa decisão, ou qualquer outra, é apenas um dique contra a maré das recordações que avança na direção de qualquer colecionador que se ocupa do que adquiriu. Toda paixão está próxima do caos, mas a de colecionar confina com o das recordações. Mas direi mais ainda: o acaso, o destino, que tingem o passado diante dos meus olhos, estão também presentes na desordem familiar destes livros. De fato, o que é esta coleção senão uma desordem na qual o hábito se instalou de tal modo que ela pode apresentar-se como ordem? Já ouviram falar de pessoas que adoecem pela perda dos seus livros, e de outras que para adquiri-los se tornam criminosos. Nesses domínios, toda a ordem não é mais do que um estado periclitante à beira de um abismo. "O único conhecimento exato que existe", disse Anatole France, "é o do ano de publicação e do formato dos livros". De fato, se existe um contraponto para a desordem de uma biblioteca, é o da ordem do seu inventário.

Assim, a existência do colecionador assenta numa tensão dialética entre os polos da desordem e da ordem.

Mas, naturalmente, está ligada a muitas outras coisas. A uma relação muito enigmática com a propriedade, sobre a qual ainda direi mais. Depois, a uma relação com as coisas que não coloca em primeiro plano o seu valor funcional, portanto a sua utilidade, mas as estuda e ama enquanto palco, teatro do seu próprio destino. O mais profundo encantamento do colecionador é o de fechar a peça individual num círculo mágico em que ela, enquanto é atravessada por um último calafrio – o da sua aquisição –, fica petrificada. Tudo o que é recordação, pensamento, consciência se torna pódio, moldura, pedestal, fecho da sua propriedade. A época, a região, a manufatura, o proprietário anterior – tudo isso se transforma, para o verdadeiro colecionador, em cada uma das suas peças, numa enciclopédia mágica cuja quintessência é o destino do seu objeto. Aqui, nesse campo estreito, é possível começar a conjecturar como os colecionadores, como os grandes fisionomistas – e os colecionadores são os fisionomistas do mundo das coisas – se tornam intérpretes do destino. Basta observar como um colecionador manipula os objetos na sua vitrine. Mal lhes pega, sente-se logo inspirado para olhar através deles para a distância de onde vêm. Encerremos este lado mágico do colecionador, do seu retrato-quando-velho, poderia dizer-se. *Habent sua fata libelli*: talvez essa expressão tenha sido pensada como uma proposição geral sobre os *livros*. Os livros, como *A divina comédia*, a *Ética* de Espinosa ou *A origem das espécies*, têm o seu destino. O colecionador, porém, interpreta diferentemente essa máxima latina. Para ele, não são os livros, mas os *exemplares*, que têm um destino. E para ele, o mais relevante destino de um exemplar é o seu encontro com ele, com o colecionador e a sua coleção. Não exagero quando digo que para um colecionador a aquisição de um livro antigo significa o seu renascimento. É nisso que consiste o lado infantil que no colecionador se encontra com o senil. As crianças têm a capacidade de renovar a existência graças a uma prática múltipla e nunca complicada. Nelas, nas crianças, o colecionar é apenas *um* processo de renovação; outros são o de pintar os objetos, de recortar, de decalcar, e toda a escala dos modos de apropriação das crianças, do tocar até o nomear. Renovar o mundo velho – é esse o impulso mais enraizado na vontade do colecionador de adquirir peças novas, e por isso o colecionador de livros antigos está mais perto da fonte do colecionar do que os que se interessam por reimpressões bibliófilas. Algumas palavras agora sobre o modo como os livros ultrapassam o limiar de uma coleção, como passam a ser propriedade de um colecionador, em resumo, sobre a história da sua aquisição.

De todas as formas de obter livros, a que se considera mais louvável é escrevê-los. Alguns de vós estareis a pensar, divertidos, na grande biblioteca que o mestre-escola Wuz de Jean Paul foi acumulando com o tempo, recorrendo ao expediente de escrever ele próprio todas as obras cujos títulos lhe interessavam nos catálogos das feiras mas que ele não podia comprar. Os escritores são de fato pessoas que escrevem livros não por pobreza, mas por insatisfação com os livros que poderiam comprar, mas não lhes agradam. Direis, minhas senhoras e meus senhores, que se trata de uma definição bizarra do escritor. Mas bizarro é tudo aquilo que se diz a partir do ponto de vista de um autêntico colecionador. Entre os modos de aquisição mais correntes, o mais conveniente para o colecionador seria o de pedi-los emprestados, sem depois devolvê-los. O grande especialista em pedir livros emprestados, que estamos a considerar, revela ser um inveterado colecionador de livros, não tanto pelo fervor com que guarda o seu tesouro emprestado, sem dar ouvidos a todas as advertências da legalidade corrente, mas muito mais porque também ele não lê esses livros. Se quiserem acreditar na minha experiência, digo-vos que muita gente me devolveu livros emprestados, mas muito poucos os leram. E isso de não ler os livros, perguntarão, é uma caraterística do colecionador? Só se for de agora. Não, os especialistas confirmar-vos-ão que é uma das coisas mais velhas do mundo. Lembro aqui apenas a resposta que novamente Anatole France tinha na ponta da língua para dar ao idiota que admirava a sua biblioteca, terminando com a pergunta obrigatória: "E o senhor leu tudo isto, senhor France?" – "Nem a décima parte! Ou será que o senhor come todos os dias no seu serviço de Sèvres?".

Tirei, aliás, a contraprova da legitimidade desse tipo de atitude. Durante anos – durante mais de um terço da sua existência –, a minha biblioteca não consistiu em mais que duas ou três fileiras de livros que cresciam anualmente apenas alguns centímetros. Foi o seu período marcial, em que nenhum livro nela podia entrar sem que eu lhe soubesse a senha, sem que o tivesse lido. Talvez eu nunca tivesse chegado a reunir aquilo a que se pode chamar uma biblioteca sem a inflação, que de repente veio alterar o valor das coisas e transformar os livros em objetos de valor, ou pelo menos difíceis de obter. Pelo menos, era assim que as coisas se apresentavam a mim na Suíça. E foi de fato aí que fiz, à última hora, as minhas maiores encomendas de livros, pondo a salvo coisas tão insubstituíveis como *Der Blaue Reiter*[49] ou *Die Sage von Tanaquil*,[50] de Bachofen, que nessa altura ainda se podiam arranjar no editor. Agora, pensareis que, depois de tantos desvios, já é altura de enveredar pela estrada larga da aquisição de livros, a da compra. É com certeza uma estrada larga, mas nada cômoda. A compra do colecionador tem muito pouco a ver com as que fazem numa livraria um estudante, quando precisa de um compêndio, um homem do mundo, quando quer dar um presente à sua dama, ou um viajante, para encurtar a próxima viagem de trem. As minhas compras mais memoráveis fi-las em viagem, como transeunte. A propriedade e o ter subordinam-se à tática. Os colecionadores são pessoas com instinto tático; a sua experiência diz-lhes que, ao tomarem de assalto

---

[49] *O Cavaleiro Azul*: almanaque do grupo de artistas de Munique com o mesmo nome, organizado por Kandinsky e Franz Marc em 1912.

[50] *A lenda de Tanaquil* é uma narrativa de Johann Jakob Bachofen, publicada em Heidelberg em 1870. Benjamin escreveu um ensaio sobre Bachofen, incluído em *O anjo da história* (Autêntica, 2012, p. 91-106).

uma cidade, o menor alfarrabista pode ser um forte, a papelaria mais fora de mão, uma posição-chave. Quantas cidades não se abriram para mim nas caminhadas que fiz em busca de livros!

    Não tenho dúvidas de que apenas uma pequena parcela das aquisições mais importantes se faz na livraria. Os catálogos desempenham um papel muito mais relevante. E ainda que o comprador conheça muito bem o livro que encomenda por catálogo, o exemplar é sempre uma surpresa e na encomenda há sempre uma ponta de acaso. Acontecem, a par de dolorosas desilusões, os achados mais felizes. Lembro-me, por exemplo, de um dia ter encomendado um livro com ilustrações coloridas para a minha coleção de livros infantis antigos, só porque ele continha contos de Albert Ludwig Grimm e tinha sido editado em Grimma, na Turíngia. Precisamente de Grimma procedia um livro de fábulas editado por esse mesmo Albert Ludwig Grimm. E o exemplar que eu possuía, com as suas dezesseis ilustrações, era o único testemunho preservado do grande ilustrador alemão Lyser, que viveu em Hamburgo em meados do século passado. Ora, a minha reação à coincidência dos nomes fora muito exata. Também nesse livro descobri trabalhos de Lyser, precisamente uma obra – *Linas Mährchenbuch* [O livro de contos de Lina] – desconhecida de todos os seus bibliógrafos, e que merece uma referência explícita como esta, que é a primeira.

    A compra de livros não se resume a uma questão de dinheiro ou de conhecimento especializado. Nem mesmo as duas coisas juntas bastam para fundar uma biblioteca, que tem sempre, ao mesmo tempo, alguma coisa de misterioso e de inconfundível. Quem compra por catálogo, tem de ter, para além disso, um faro muito apurado. Datas, nomes de lugares, formatos, donos anteriores, encadernação, etc., tudo isso tem de lhe dizer alguma coisa, e não apenas enquanto fatos isolados e áridos; essas coisas têm de se harmonizar, e é pela harmonização e pela precisão da convergência de elementos que ele tem de saber reconhecer se tal livro lhe convém ou não. Já um leilão exige do colecionador capacidades totalmente diferentes. Para o leitor de um catálogo, o que deve contar é o livro em si, e eventualmente o seu anterior proprietário, se for indicada a proveniência do exemplar. Quem quiser intervir num leilão terá de dividir a sua atenção, em partes iguais, no livro e nos concorrentes, e ainda manter a cabeça fria, para – como acontece tantas vezes – não se deixar levar pela luta com a concorrência e acabar na situação de ter de pagar um preço de arrematação demasiado alto, porque fez a sua oferta mais para afirmar uma posição do que por interesse pelo livro. Por outro lado, uma das recordações mais belas do colecionador é a daqueles momentos em que saiu em defesa de um livro, em que nunca tinha pensado nem tinha desejado, porque ele estava tão abandonado e sozinho numa venda pública, e ele o comprou, como o príncipe fez com a bela escrava nos *Contos das mil e uma noites*, para libertá-lo. É que para o colecionador de livros a verdadeira liberdade de qualquer livro encontra-se em algum lugar nas suas estantes.

Ainda hoje *La peau de chagrin*, de Balzac, se ergue, entre longas fileiras de livros franceses, como monumento da minha mais excitante experiência num leilão. Foi em 1915, no leilão Rümann, organizado por Emil Hirsch, um dos maiores conhecedores de livros e ao mesmo tempo um dos mais distintos comerciantes. A edição em questão foi publicada em 1838, em Paris, na Place de la Bourse. Ao pegar no meu exemplar, vejo não apenas o número da coleção de Rümann, mas até a etiqueta da livraria onde, há mais de noventa anos, o primeiro dono o comprou por um preço cerca de oitenta vezes inferior ao de hoje. Na etiqueta lê-se: Papeterie I. Flanneau. Belos tempos aqueles, em que se podia comprar numa papelaria uma edição de luxo como esta – as gravuras foram concebidas pelo maior ilustrador francês e executadas pelos maiores gravadores. Mas o que eu queria contar era a história da aquisição do livro. Fora à loja de Emil Hirsch para ver as obras antes do leilão, tive nas mãos quarenta ou cinquenta livros; e este, com o desejo ardente de nunca mais largá-lo. Chegou o dia do leilão. Por um acaso, a ordem da venda incluía, imediatamente antes deste exemplar de *La peau de chagrin*, a série completa das gravuras numa tiragem separada em papel da China. Os adjudicatários estavam sentados a uma mesa comprida; em linha oblíqua à minha frente, o homem que nas ofertas que se seguiram concentrou sobre si todos os olhares; o célebre colecionador de Munique, barão von Simolin. Interessava-lhe aquela série, tinha concorrentes; em suma, houve uma luta acirrada, cujo resultado foi o mais alto preço de todo o leilão, uma soma de mais de 3.000 Reichsmark. Ninguém parecia contar com uma soma tão alta, e uma agitação passou por todos os presentes. Emil Hirsch não deu muita atenção a isso, e, ou para poupar tempo, ou por qualquer outro motivo, passou ao número seguinte no meio da desatenção geral. Anunciou o preço, eu ofereci um pouco mais, com o coração acelerado e com a plena consciência de não poder concorrer com nenhum dos grandes colecionadores presentes. Sem chamar a atenção da audiência, o leiloeiro passou à arrematação, com a costumeira fórmula "Ninguém dá mais?" e as três pancadas – que me pareceram separadas por intervalos de uma eternidade. Para um estudante como eu, a soma era ainda bastante elevada. E a manhã seguinte na casa de penhores já não faz parte desta história. Em vez disso, prefiro falar de um acontecimento que vejo como o negativo de um leilão. Foi no ano passado, num leilão em Berlim. O catálogo oferecia uma série de livros, muito desiguais em qualidade e temas, entre os quais se encontravam algumas obras dignas de nota, sobre ocultismo e filosofia natural. Fiz as minhas ofertas para algumas delas, mas reparei num senhor que, nas primeiras filas, esperava apenas pela minha oferta para cobri-la com a sua, e sem limite. Depois de ter repetido essa experiência várias vezes, perdi toda a esperança na aquisição do livro que mais me interessava. Eram os raros *Fragmente aus dem Nachlasse eines jungen Physikers* [Fragmentos póstumos de um jovem físico], que Johann Wilhelm Ritter publicou em Heidelberg em 1810, numa edição em dois tomos. A obra nunca mais foi reimpressa, mas o preâmbulo, em que o autor-editor evoca o amigo anônimo supostamente falecido – que não é senão ele próprio –, fazendo o relato da sua própria vida, é para mim uma das mais significativas peças de prosa pessoal do Romantismo alemão. No momento em que o leiloeiro anunciou o número dessa obra, veio-me uma inspiração. Era bastante simples: uma vez que a minha oferta iria infalivelmente permitir ao outro ficar com este número, o que eu tinha a fazer era evitar a oferta. Dominei-me, e fiquei calado. O que eu esperara aconteceu: nenhum interesse, nenhum lance, o livro foi retirado. Achei que seria sensato deixar passar ainda alguns dias. E de fato, quando, ao fim de uma semana, voltei ao alfarrabista, lá estava o livro. A falta de interesse por ele acabou por reverter em meu proveito.

Quantas coisas não voltam à memória quando nos aventuramos na montanha de caixas, para retirar dela os livros no nosso trabalho diurno, ou melhor, noturno. Nada torna mais evidente o fascínio de desempacotar do que a dificuldade de dar por terminada a tarefa. Tinha começado ao meio-dia, e já era meia-noite quando decidi atirar-me às duas últimas caixas. Mas nesta ponta final caíram-me nas mãos dois volumes cartonados, já desbotados, que, em rigor, não deviam estar numa caixa com livros: dois álbuns com vinhetas que a minha mãe tinha colado em criança e que eu herdei. São as sementes de uma coleção de livros infantis que continua a crescer, ainda que já não no meu jardim. Não há biblioteca viva que não albergue um certo número de criaturas livrescas provenientes de zonas-limite. Não têm de ser álbuns de vinhetas ou de família, nem autógrafos ou encadernações com pandectas ou textos edificantes: alguns terão mais propensão para folhas volantes e prospectos, outros para fac-símiles de manuscritos ou datiloscritos de livros inacessíveis; e as revistas podem também, por maioria de razões, constituir as margens prismáticas de uma coleção. Mas, para voltar aos álbuns referidos: uma herança é a maneira mais segura de formar uma coleção. A atitude do colecionador em relação às peças que possui vem do sentimento de responsabilidade do dono para com os objetos que possui. É, pois, no sentido mais elevado, a atitude do herdeiro. O título de glória de uma coleção será sempre o da sua hereditariedade. Ao dizer isso, tenho plena consciência – e é bom que o saibam – de que a revelação que vim fazendo do mundo mental implícito no ato de colecionar reforçará em muitos de vós a convicção do caráter intempestivo dessa paixão e a desconfiança em relação ao tipo humano do colecionador. Longe de mim querer abalar-vos nas vossas convicções e na vossa desconfiança. Só quero deixar mais uma nota: o fenômeno do colecionar perde o seu sentido logo que perde o seu sujeito. Se as coleções públicas podem ser vistas como menos chocantes pelo lado social e mais úteis pelo lado científico do que as privadas, o fato é que só nestas os objetos têm a sua razão de ser. De resto, sei que, para o tipo de pessoa de que vos falei e que eu próprio, um pouco *ex officio*, represento, começou já a cair a noite. Mas, como diz Hegel: a coruja de Minerva só inicia o seu voo ao cair da noite. Só quando se extinguir o colecionador será compreendido.

    Entretanto, estou diante da última caixa, meio vazia, e já passa muito da meia-noite. Afluem outros pensamentos, diferentes daqueles de que falei. Pensamentos, não: imagens, memórias. Recordações das cidades em que encontrei tanta coisa: Riga, Nápoles, Munique, Danzig, Moscou, Florença, Basileia, Paris; recordações das suntuosas salas de Rosenthal em Munique, da "Stockturm" (Torre dos Brasões) de Danzig, onde vivia o falecido Hans Rhaue, do porão cheio de livros e de mofo de Süßengut, em Berlim Norte; recordações dos quartos onde tinha esses livros, do meu alojamento de estudante em

Munique, do meu quarto em Berna, da solidão de Iseltwald no Lago de Brienz, e finalmente o meu quarto de criança, de onde provêm apenas quatro ou cinco dos muitos milhares de livros que começam a avolumar-se à minha volta. Sorte do colecionador, sorte do particular! Nunca ninguém procurou menos por detrás de alguém, e ninguém se sentiu tão bem nesse papel como aquele que pôde continuar a sua existência desacreditada atrás da máscara de Spitzweg.[51] Na verdade, no seu interior alojaram-se espíritos, pelo menos geniozinhos, que levam a que, para o colecionador – falo do autêntico, do colecionador como deve ser –, a posse seja a mais profunda forma de relação que se pode ter com as coisas: não por elas estarem vivas nele, mas porque é ele mesmo quem vive nelas. O que fiz foi levantar diante dos vossos olhos uma das suas moradas, cujos tijolos são livros. E agora, como convém, o colecionador vai desaparecer dentro dela.

O caráter destrutivo

Poderia acontecer que alguém, olhando a sua vida em retrospectiva, chegasse à conclusão de que quase todos os vínculos mais profundos que nela lhe aconteceram partiram de pessoas cujo "caráter destrutivo" era unanimemente reconhecido. Um dia, talvez por acaso, faria essa constatação, e, quanto mais violento fosse o choque sofrido, tanto maior a possibilidade de ele chegar a descrever esse caráter destrutivo.

O caráter destrutivo só conhece um lema: criar espaço; apenas uma atividade: esvaziar. A sua necessidade de ar puro e espaço livre é maior do que qualquer ódio.

O caráter destrutivo é jovem e alegre: destruir rejuvenesce, porque remove os vestígios da nossa própria idade; e alegra, porque toda remoção significa para aquele que destrói uma redução total, e mesmo uma radiciação da sua própria situação. Somos levados ainda mais a uma tal imagem apolínea do destruidor se nos dermos conta de como o mundo se simplifica enormemente se for posta à prova a sua vocação para a destruição. É esse o grande laço que envolve em

---

[51] Carl Spitzweg (1808-1885): pintor do "Realismo burguês" alemão. A alusão de Benjamin remete para um dos seus quadros mais conhecidos, *Der Bücherwurm* [O bibliómano, ou O rato de biblioteca], de cerca de 1850.

consonância tudo o que existe. É um ponto de vista que proporciona ao caráter destrutivo um espetáculo da mais profunda harmonia.

O caráter destrutivo está sempre disposto a trabalhar. É a natureza que lhe prescreve o ritmo, pelo menos indiretamente, pois tem de se antecipar a ela. De outro modo, será ela própria a levar a cabo a destruição.

O caráter destrutivo não tem ideais. Tem poucas necessidades, e muito menos a de saber o que ocupará o lugar da coisa destruída. Primeiro, pelo menos por alguns instantes, o espaço vazio, o lugar onde a coisa esteve, onde a vítima viveu. Haverá sempre alguém que precise dele sem o ocupar.

O caráter destrutivo faz o seu trabalho, evita apenas o trabalho criativo. Do mesmo modo que o criador busca a solidão, o destruidor tem sempre de estar rodeado de gente, de testemunhas da sua eficácia.

O caráter destrutivo é um sinal. Do mesmo modo que uma referência trigonométrica está exposta ao vento por todos os lados, ele expõe-se de todos os lados ao palavreado. Não faz sentido protegê-lo disso.

O caráter destrutivo não está nada interessado em ser compreendido. Considera todos os esforços nesse sentido como superficiais. A incompreensão não o afeta. Pelo contrário, provoca-a, tal como os oráculos, essas instituições estatais destrutivas, a provocaram em tempos. O mais pequeno-burguês de todos os fenômenos, a bisbilhotice, só acontece porque as pessoas não querem ser mal entendidas. O caráter destrutivo deixa que o interpretem mal; não fomenta a bisbilhotice.

O caráter destrutivo é o inimigo do homem-estojo. O homem-estojo busca o seu conforto, e a sua concha é a quintessência dele. O interior da concha é o rastro revestido de veludo que ele deixou no mundo. O caráter destrutivo apaga até os vestígios da destruição.

O caráter destrutivo está na linha da frente dos tradicionalistas. Alguns transmitem as coisas tornando-as intocáveis e conservando-as, outros, as situações, tornando-as manejáveis e liquidando-as. Estes são os chamados destrutivos.

O caráter destrutivo tem a consciência do homem histórico, cuja afecção fundamental é a de uma desconfiança insuperável na marcha das coisas, e a disposição para, a cada momento, tomar consciência de que as coisas podem correr mal. Por isso, o caráter destrutivo é a imagem viva da confiabilidade.

O caráter destrutivo não vê nada de duradouro. Mas por isso mesmo vê caminhos por toda parte, mesmo quando outros esbarram com muros ou montanhas. Como, porém, vê por toda parte um caminho, tem de estar sempre a remover coisas do caminho. Nem sempre com brutalidade, às vezes o faz com requinte. Como vê caminhos por toda parte, está sempre na encruzilhada. Nenhum momento pode saber o que o próximo trará. Converte em ruínas tudo o que existe, não pelas ruínas, mas pelo caminho que as atravessa.

O caráter destrutivo não vive do sentimento de que a vida é digna de ser vivida, mas de que o suicídio não compensa.

O coelho de Páscoa descoberto
ou
Pequeno guia dos esconderijos

Esconder significa: deixar rastro. Mas invisível. É a arte da mão leve. Rastelli[52] era capaz de esconder coisas no ar.

Quanto mais arejado for um esconderijo, tanto mais engenhoso será. Quanto mais exposto aos olhares de todos os lados, tanto melhor.

Portanto: não meter nada em gavetas, armários, debaixo das camas ou dentro do piano.

Na manhã de Páscoa, jogo honesto: esconder tudo de modo a que possa ser encontrado sem se ter de deslocar nenhum objeto.

Mas também sem pôr nada a descoberto: uma dobra na toalha de mesa, uma saliência no cortinado podem bastar para denunciar o lugar onde tem de se ir procurar.

Conhecem o conto de Poe "A carta roubada"? Então se lembram com certeza da pergunta: "O senhor não reparou que todo mundo, quando esconde uma carta, a mete, não necessariamente numa perna de cadeira oca, mas pelo menos num buraco qualquer ou canto escondido?". O senhor Dupin, o detetive da história de Poe, sabe disso. E é por isso que encontra a carta no lugar onde o seu rival, muito esperto, a guarda: no porta-cartões pendurado na parede, aos olhos de todos.

Não mandar procurar na sala de jantar. Os ovos de Páscoa escondem-se na sala de estar, e quanto mais desarrumada ela estiver, tanto melhor.

---

[52] Rastelli foi um célebre prestidigitador contemporâneo de Benjamin (cf. o conto "Rastelli erzählt" / "Conta Rastelli", em: BENJAMIN, W. *Histórias e contos*. Tradução de Telma Costa. Lisboa: Teorema, 1992, p. 121-127).

No século XVIII escreviam-se tratados eruditos sobre as mais estranhas coisas: sobre crianças enjeitadas e casas assombradas, sobre formas de suicídio e ventriloquia. Imagino que seria possível escrever um sobre a arte de esconder ovos, que nada ficaria a dever aos referidos em erudição.

Estaria dividido em três partes principais ou capítulos, e neles o leitor seria instruído nos três princípios elementares ou bases essenciais de toda a arte de esconder.

Primo: o princípio da pinça. Trata-se das instruções para usar rachas e fendas. Ensina-se a arte de manter os ovos em suspensão entre trinco e maçaneta, entre quadro e parede, entre porta e dobradiça, no buraco de uma chave ou também entre os tubos do aquecimento central.

Secundo: o princípio do enchimento. Neste capítulo aprender-se-ia a colocar ovos como rolhas no gargalo da garrafa, como velas no candelabro, como estames no cálice de uma flor, como lâmpada num candeeiro elétrico.

Tertio: o princípio da altura e da profundidade. Sabemos como as pessoas se apercebem primeiro daquilo que têm à altura dos olhos; depois, olham para cima, e só no fim se preocupam com o que têm aos pés. Podem equilibrar-se ovos pequenos nas molduras dos quadros, e os maiores no lustre, caso este ainda não tenha sido eliminado. Mas o que é tudo isso comparado com os numerosos abrigos astuciosos que temos à nossa disposição cinco ou dez centímetros acima do chão? Aí é que a erva, onde o autêntico coelho de Páscoa põe os seus ovos, se vê por assim dizer reconhecida na casa da cidade grande, sob a forma de pés de mesa, estrados, franjas de tapete, cestos de papéis, pedais de piano.

E já que falamos da cidade grande, deixemos aqui também uma palavra de conforto para aqueles que vivem entre paredes lisas como espelhos e móveis metálicos e racionalizaram a sua existência, sem pensarem no calendário festivo. Esses só precisam olhar bem para a sua grafonola ou a sua máquina de escrever, e verão que elas oferecem, no mínimo de espaço, tantos buracos e esconderijos como se essas pessoas vivessem numa casa de sete divisões em estilo Makart.[53]

---

[53] Hans Makart (1840-1884) foi um conhecido pintor austríaco de grandes cenas históricas e alegóricas, célebre pelo seu gosto pela pompa e pelo *bric-à-brac*.

E agora seria bom que esta engenhosa lista não caísse nas mãos das crianças antes da segunda-feira de Páscoa.

Escavar e recordar

A linguagem fez-nos perceber, de forma inconfundível, como a memória [*Gedächtnis*] não é um instrumento, mas um meio, para a exploração do passado. É o meio através do qual chegamos ao vivido [*das Erlebte*], do mesmo modo que a terra é o meio no qual estão soterradas as cidades antigas. Quem procura aproximar-se do seu próprio passado soterrado tem de se comportar como um homem que escava. Fundamental é que ele não receie regressar repetidas vezes à mesma matéria [*Sachverhalt*]– espalhá-la, tal como se espalha terra, revolvê-la, tal como se revolve o solo. Porque essas "matérias" mais não são do que estratos dos quais só a mais cuidadosa investigação consegue extrair aquelas coisas que justificam o esforço da escavação. Falo das imagens que, arrancadas de todos os seus contextos anteriores, estão agora expostas, como preciosidades, nos aposentos sóbrios da nossa visão posterior – como torsos na galeria do colecionador. E não há dúvida de que aquele que escava deve fazê-lo guiando-se por mapas do lugar. Mas igualmente imprescindível é saber enterrar a pá de forma cuidadosa e tateante no escuro reino da terra. E engana-se e priva-se do melhor quem se limitar a fazer o inventário dos achados e não for capaz de assinalar, no terreno do presente, o lugar exato em que guarda as coisas do passado. Assim, o trabalho da verdadeira recordação [*Erinnerung*] deve ser menos o de um relatório, e mais o da indicação exata do lugar onde o investigador se apoderou dessas recordações. Por isso, a verdadeira recordação é rigorosamente épica e rapsódica, deve dar ao mesmo tempo uma imagem daquele que se recorda, do mesmo modo que um bom relatório arqueológico não tem apenas de mencionar os estratos em que foram encontrados os achados, mas sobretudo os outros, aqueles pelos quais o trabalho teve de passar antes.

Sonho

Eu ia para casa à noite, já tarde. Não era propriamente a minha casa, mas sim um luxuoso prédio de habitação onde eu, em sonho, tinha alojado S...l...n's. Já muito perto do portão do prédio, encontro uma mulher que sai de uma rua lateral e vem ter comigo a correr e que, sem parar, e tão depressa como andava, murmurava: Vou tomar chá! Vou tomar chá! Não cedi à tentação de segui-la, mas entrei na casa de S...l...n's, onde aconteceu logo uma cena desagradável, no decorrer da qual o filho da casa me agarrou pelo nariz. Protestando veementemente, fechei atrás de mim a porta da casa. Mal tinha chegado à rua, a mesma moça saiu da mesma travessa, dirigindo-se a mim com as mesmas palavras. Desta vez segui-a. Para minha grande desilusão, não deixou que lhe dirigisse a palavra, mas continuou a correr ao mesmo ritmo por uma ruela íngreme, até que, em frente a um gradeamento de ferro, se misturou com um magote de prostitutas que estavam manifestamente em frente à casa onde viviam. Não muito longe, um policial de plantão. Acordei no meio de todo esse embaraço. E lembrei-me de que a excitante blusa de seda riscada da moça brilhava nas suas cores verde e violeta: as cores das embalagens de "Fromms Act".[54] – Poder-se-ia apor uma epígrafe a este sonho. Está no *Manuel des Boudoirs ou essais sur les demoiselles d'Athènes*, de 1789: "*Forcer les filles de profession de tenir leurs portes ouvertes; la sentinelle se promènerait dans les corridors*".[55]

Sequência de Ibiza

Ibiza, abril/maio de 1932.

---

[54] Marca de preservativos de uma fábrica de Dresden.

[55] Em francês no original: "Obrigar as mulheres da vida a ter as portas abertas; a sentinela iria passeando pelos corredores".

Ibiza em 1932.

Cortesia

Sabe-se como as reconhecidas exigências da ética – honestidade, humildade, amor ao próximo, compaixão e muitas outras – passam para segundo plano na luta de interesses da vida cotidiana. Tanto mais surpreendente se torna, por isso, o fato de se ter refletido tão pouco sobre a mediação que, ao longo de milênios, os homens procuraram e encontraram para resolver esse conflito. O verdadeiro meio-termo, a resultante entre as componentes antagônicas da moralidade e da luta pela existência, é a cortesia. A cortesia não é nenhuma das outras duas coisas, nem exigência ética, nem arma na luta, e, no entanto, é ambas as coisas. Em outras palavras: é um nada e é tudo, consoante a perspectiva. É um nada enquanto bela aparência, forma empenhada em iludir a crueldade da luta em que os parceiros estão envolvidos. E tal como nada tem de prescrição moral rigorosa (mas é apenas representação de uma prescrição revogada), assim também é fictício o seu valor para a luta pela existência (representação da sua indecidibilidade). Mas essa mesma cortesia é tudo quando se liberta da convenção, libertando assim também o processo em que se insere. Se o espaço de negociações estiver cercado, como uma paliçada, pelas barreiras da convenção, entra em ação a verdadeira cortesia, deitando abaixo essas barreiras, ou seja, alargando a luta para além de todos os limites, deixando ao mesmo tempo entrar todas aquelas forças e instâncias que ela excluiu, na qualidade de ajudantes, mediadoras e conciliadoras. Quem se deixar dominar pela imagem abstrata da situação em que se encontra com o seu parceiro só poderá empreender tentativas violentas de alcançar a vitória nessa luta. Terá todas as hipóteses de sair como o descortês. A alta escola da cortesia é, pelo contrário, a de um sentido apurado do extremo, cômico, particular ou surpreendente da situação. Permite a quem o exerce tomar as rédeas da negociação, e no fim também as dos interesses; e acaba por ser ele a movimentar, como se de cartas de um jogo de paciência se tratasse, os elementos antagônicos, perante o olhar espantado do seu parceiro. A paciência é, aliás, o cerne da cortesia, e talvez a única das virtudes que esta aceita em estado puro. Mas quanto às outras virtudes, às quais a malfadada convenção acha que só se pode fazer justiça num "conflito dos deveres", a cortesia, no seu papel de musa do meio-termo, já há muito lhes deu o que lhes convém: a próxima oportunidade para aquele que saiu derrotado.

Não dissuadir

Aquele a quem alguém pede conselho fará bem em começar por investigar a opinião de quem o pede, para em seguida confirmá-la. Ninguém se deixa convencer facilmente da inteligência superior de outra pessoa, e por isso são poucas as que pediriam conselho com o propósito de seguir o que um estranho lhes diz. O que elas querem ouvir uma vez mais, por assim dizer como reverso, como "conselho" da boca do outro, é antes a sua própria decisão, já previamente tomada. Pedem-lhe essa manifestação concreta, e têm razão, porque não há nada de mais perigoso do que pôr em prática aquilo que decidimos "por nós próprios", sem deixá-lo passar pelo confronto de opiniões, como por um filtro. Por isso, já se ajuda alguém só pelo fato de ele pedir conselho; e se ele pretender fazer coisa errada, é melhor apoiá-lo com ceticismo do que dissuadi-lo com convicção.

Espaço para o que é precioso

Através de portas abertas, com cortinas de contas puxadas para os lados, o olhar penetra nos interiores das casas das pequenas aldeias do sul da Espanha, cujas sombras refletem o branco ofuscante das paredes. As paredes são caiadas várias vezes ao ano. E em frente à parede do fundo há geralmente, rigorosamente alinhadas e simétricas, três ou quatro cadeiras. Mas no seu eixo move-se o fiel de uma balança invisível na qual se equilibram os pratos das boas-vindas e da rejeição. Muita coisa se pode ler nessas cadeiras que se oferecem assim, despretensiosas na forma, mas com o seu entrançado de vime singularmente belo. Nenhum colecionador exporia tapetes persas ou pinturas de van Dyck nas paredes do seu vestíbulo com mais orgulho do que o camponês exibe essas cadeiras na divisão nua da entrada. Mas não se trata apenas de cadeiras. Quando o sombreiro está pendurado nas costas de uma delas, num instante mudam a sua função. E nesse novo grupo o chapéu de palha não é menos precioso do que a simples cadeira. E assim se poderão encontrar também a rede de pesca e a panela de cobre, o remo e a ânfora de barro, e cem vezes ao dia, por força da necessidade, todos estarão prontos a mudar de lugar e a juntar-se em novas combinações. Todos eles são mais ou menos preciosos. E o segredo do seu valor é a sobriedade – aquela parcimônia do espaço vital em que não ocupam apenas o lugar visível que ocupam, mas todo o espaço em que assumem novas posições quando a isso são chamados. Numa casa em que não há camas é preciso o tapete com que o morador se cobre à noite; na carroça em que não há estofos é preciosa a almofada que se coloca no seu chão duro. Nas nossas casas bem mobiliadas não há lugar para o que é preciso, porque não há espaço para os seus serviços.

Primeiro sonho

Eu tinha saído com Jula,[56] numa deambulação híbrida, entre passeio e caminhada pela montanha, e agora nos aproximávamos do cume. Estranhamente, eu insistia em identificar o cume com um poste muito alto que sobressaía obliquamente contra o céu, e que, destacando-se na imponente escarpa, cruzava-a. Quando chegamos lá em cima, vimos que não era cume nenhum, mas sim um planalto atravessado por uma estrada larga e ladeada por casas antigas relativamente altas. De repente, já não íamos a pé, mas estávamos num carro, sentados ao lado um do outro no banco de trás, ao que me pareceu; talvez o carro tenha também mudado de direção enquanto íamos nele. Então, inclinei-me para Jula para beijá-la. Ela ofereceu-me não a boca, mas a face. E ao beijá-la reparei que aquela face era de marfim

---

[56] Jula Cohn (1894-1981): amiga e amante de Benjamin a partir de 1921, depois do fracasso do seu casamento com Dora Kellner, em 1917. Benjamin conhecia Jula Cohn desde 1912, e dedicou-lhe o ensaio sobre *"As afinidades eletivas* de Goethe" (a incluir em próximo volume desta série da Autêntica).

e toda atravessada de estrias negras artisticamente gravadas, de uma beleza que me comoveu.

Rosa dos ventos do êxito

Há um preconceito arraigado que pretende que a chave do êxito seja a vontade. De fato, se o êxito se situasse apenas na linha da existência individual, não seria também expressão da intervenção dessa existência no plano do todo. Uma expressão, aliás, cheia de reservas. Mas serão as reservas menos justificadas em relação à existência individual do que em relação ao plano do todo? Por isso o êxito, que tanto gostamos de desvalorizar como jogo cego do acaso, é a mais profunda expressão das contingências deste mundo. O êxito é o capricho no acontecer do mundo, e por isso tem muito pouco a ver com a vontade que o persegue. Aliás, a sua verdadeira natureza não se manifesta nas razões que o provocam, mas nas figuras humanas que ele determina. São elas as suas favoritas, e através delas ele se dá a conhecer. São os seus filhos mimados — e enjeitados. Ao capricho no acontecer do mundo corresponde a idiossincrasia na existência individual. Desde sempre a prerrogativa do cômico foi dar conta disso; e a sua justiça não é obra do céu, mas a de inúmeros equívocos que por fim, na sequência de um último e ínfimo erro, produzem o resultado certo. Mas onde reside a idiossincrasia do sujeito? Na convicção. O homem sóbrio, sem idiossincrasias, vive sem conhecer convicções; a vida e o pensamento há muito tempo que as trituraram, transformando-as em sabedoria, como a mó faz do grão farinha. A figura cômica, porém, nunca é sábia. É um patife, um pateta, um louco, um pobre diabo; mas, seja ela o que for, este mundo assenta-lhe como uma luva. Para ela, nem o êxito é estrela da fortuna, nem o fracasso estrela do infortúnio. Nem interroga destino, mitos, fatalidade. A sua chave é uma figura matemática construída sobre os eixos do êxito e da convicção. A rosa dos ventos do êxito:

Êxito por abandono de toda a convicção. Caso normal de êxito: Khlestakov[57] ou o vigarista. — O vigarista deixa-se conduzir pela situação como um *medium. Mundus vult decipi.*[58] Escolhe até os seus nomes para agradar ao mundo.

---

[57] O revisor, na peça de Gogol com o mesmo título.
[58] "O mundo quer ser enganado".

Êxito por adoção de toda a convicção. Caso genial de êxito. Schweyk[59] ou o felizardo. O felizardo é uma pessoa de bem que quer agradar a todo mundo. João Feliz[60] troca com todos os que desejarem fazê-lo.

Ausência de êxito por adoção de toda a convicção. Caso normal de ausência de êxito: Bouvard e Pécuchet,[61] ou o pequeno-burguês. O pequeno-burguês é o mártir de toda a convicção, de Lao Tse a Rudolf Steiner.[62] Mas para cada uma "apenas um breve quarto de hora".[63]

Ausência de êxito por abandono de toda a convicção. Caso genial de ausência de êxito: Chaplin ou o Schlemihl.[64] Schlemihl não se escandaliza com coisa nenhuma; tropeça apenas nos próprios pés. É o único anjo da paz que se ajusta à Terra.

Esta é a rosa dos ventos que determina os ventos, propícios e adversos, que brincam com a existência humana. Resta apenas determinar o seu centro, o ponto de interseção dos eixos, o lugar da total indiferença em relação ao êxito e ao fracasso. Neste centro, D. Quixote está em casa, *homem de uma única convicção,* e cuja história nos

---

[59] Schweyk: personagem do romance do checo Jaroslav Hasek *As aventuras do bravo soldado Schweyk,* cuja ação se situa na Primeira Guerra Mundial. Brecht adaptou o assunto na peça *Schweyk na Segunda Guerra Mundial* (1943), onde apresenta um protagonista astucioso e ambíguo, numa ação situada em Praga durante a ocupação nazista. (Sobre esta peça, ver: BARRENTO, João. Uma peça popular. In: *Umbrais. O pequeno livro dos prefácios.* Lisboa: Livros Cotovia, 2000, p. 277-280.)

[60] João Feliz: *Hans im Glück,* personagem do conto dos Irmãos Grimm com o mesmo título.

[61] Bouvard e Pécuchet são os personagens burgueses do romance homônimo de Flaubert, uma mistura de enciclopédia humorada do saber humano e dicionário de ideias feitas (tradução portuguesa de Pedro Tamen. Lisboa: Livros Cotovia, 1990).

[62] Rudolf Steiner (1861-1925): filósofo austríaco, iniciador da antroposofia e fundador da Sociedade Antroposófica em 1912. Construiu, em 1913, um centro de artes e reflexão antroposófica e goethiana, o "Goetheanum" de Dornach, na Suíça, que ardeu em 1922, mas renasceu em estilo arquitetónico expressionista, numa construção de concreto. Steiner foi também o inspirador do movimento das Escolas Waldorf na Europa e na América.

[63] Alusão a uma divisa bordada nas almofadas dos sofás das casas burguesas berlinenses. Benjamin refere-se a ela em *Passagens,* colocando-a em paralelo com a ideia do eterno retorno (vide o fragmento D 9.3).

[64] Peter Schlemihl: protagonista da história do escritor romântico Adelbert von Chamisso (1781-1838) *Peter Schlemihls wundersame Geschichte,* na qual vende a alma ao diabo (edição portuguesa, com tradução e ensaio de João Barrento: *A História Fabulosa de Peter Schlemihl.* Lisboa: Assírio & Alvim, 2005).

ensina que neste mundo, o melhor ou o pior de todos os concebíveis – acontece apenas que ele não é concebível –, a convicção de que é verdade o que está escrito nos livros de cavalaria torna feliz um idiota espancado, desde que seja a sua única convicção.

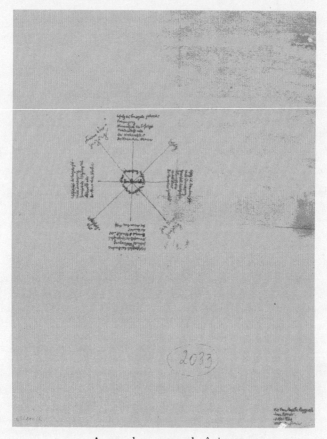

A rosa dos ventos do êxito.
Anotação na margem inferior direita:
"Para Frau Marietta Noeggerath / San Antonio / 17 de maio de 1932".

Exercício

Que o aluno ao acordar de manhã sabe de cor o conteúdo do livro que tem debaixo da almofada, que o Senhor dá aos seus a sorte durante o sono e que a pausa é criadora – dar a isso todas as oportunidades é o alfa e o ômega de toda a mestria e a sua marca própria. É essa a recompensa antes da qual os deuses colocaram o suor. De fato, a brincadeira de criança é trabalho que promete um êxito moderado, comparado com aquele que a sorte atrai. Era assim que Rastelli[65] atraía, com o dedo levantado, a bola que descia sobre ele como um pássaro saltitante. O exercício de décadas que precedeu esse número não colocou, de fato, nem o corpo nem a bola "sob o seu controle", levou antes a que ambos se entendessem nas suas costas. Cansar o mestre, pelo trabalho e o esforço, até o limite do esgotamento, de modo a que o corpo e cada um dos seus membros possam finalmente agir de acordo com a sua própria razão – é a isso que se chama exercício. O êxito consiste em que a vontade, no espaço interior do corpo, abdique de uma vez por todas em favor dos órgãos – por exemplo, da mão. Acontece, assim, que alguém, depois de muito procurar, tira da própria cabeça aquilo que não encontra, e um belo dia, ao procurar outra coisa, aquela cai-lhe na mão. A mão apoderou-se da coisa, e num abrir e fechar de olhos forma um todo com ela.

Não te esqueças do melhor

Uma pessoa que conheço viveu o período mais ordenado da sua vida quando era mais infeliz. Não se esquecia de nada. Anotava até o mínimo pormenor tudo o que tinha para resolver, e quando se tratava de um encontro – que nunca esquecia –, era a pontualidade em pessoa. O caminho da sua vida parecia que estava pavimentado, sem a menor fresta onde o tempo tivesse oportunidade de proliferar. E assim viveu durante muito tempo. Até que circunstâncias várias provocaram uma mudança na existência da dita pessoa. Começou por pôr de lado o relógio. Treinava-se para chegar tarde, e quando o outro já tinha ido embora ele sentava-se e ficava à espera. Se precisava de alguma coisa, raramente a encontrava, e se tinha de arrumar algum lugar, a desordem crescia ainda mais noutro. Quando se sentava à escrivaninha, era como se alguém tivesse se instalado para aí viver. Mas era ele próprio que vivia assim no meio de escombros, e tudo aquilo que trazia era logo integrado nessa construção, como fazem as crianças. E ainda como as crianças, que encontram por toda parte, nos bolsos, na areia, na gaveta, coisas esquecidas que esconderam ali, assim também as coisas se passavam com ele, não só nas ideias, mas também na vida. Os amigos visitavam-no quando ele menos pensava

---

[65] Rastelli: vide nota 52.

neles e mais deles precisava, e os presentes que traziam, que não eram valiosos, vinham na hora certa, como se ele tivesse os caminhos do céu na palma da mão. Nessa altura ele gostava de recordar a lenda do rapazinho pastor a quem um dia é permitido entrar na montanha com os seus tesouros, mas que ao mesmo tempo recebe o enigmático aviso: "Não te esqueças do melhor". Por essa altura, ele estava razoavelmente bem. Concluía poucas coisas começadas, e não dava nada por concluído.

Hábito e atenção

A primeira de todas as qualidades, diz Goethe, é a atenção. Mas divide a primazia com o hábito, que desde o primeiro momento a desafia. Toda atenção tem de desembocar no hábito, se não quiser ser explosiva, todo hábito deve ser estorvado pela atenção, se não quiser ser paralisante. Atenção e habituação, rejeição e aceitação são a crista e o fundo da onda no mar da alma. Mas esse mar tem as suas zonas de calmaria. Ninguém duvida de que alguém totalmente concentrado num pensamento doloroso, num sofrimento e nos seus abalos, pode se tornar presa do mais leve ruído, de um murmúrio, do voo de um inseto, de que um ouvido mais atento e mais desperto talvez não tivesse se apercebido. A alma, é o que se pensa, pode distrair-se tanto mais facilmente quanto mais concentrada estiver. Mas não será essa escuta menos o fim do que o desenvolvimento extremo da atenção – o momento em que ela permite que do seu próprio seio nasça o hábito? Aquele murmúrio ou zumbido é o limiar que a alma, sem dar por isso, ultrapassou. É como se ela nunca mais quisesse regressar ao mundo habitual; agora, ela vive num mundo novo, acantonada no espaço da dor. A atenção e a dor são complementares. Mas também o hábito tem um complemento, cujo limiar atravessamos no sono. De fato, aquilo que nos acontece em sonhos é um modo novo e inaudito de dar atenção às coisas, que luta para se libertar do abraço do hábito. As vivências cotidianas, conversas banais, o resíduo que nos ficou no olhar, o pulsar do próprio sangue – tudo isso, antes despercebido, constitui, agora desfigurado e muito mais nítido, a matéria de que se fazem os sonhos. No sonho não há espanto, na dor não há esquecimento, porque ambos trazem já em si o seu contrário, tal como, na calmaria, a crista e o fundo da onda se juntam na mesma cama.

Montanha abaixo

A palavra "abalo" [*Erschütterung*] tem sido ouvida até a exaustão. Por isso, é justo que se diga alguma coisa em sua honra. Em momento algum nos afastaremos do plano do sensível, e teremos sobretudo em atenção uma coisa: que o abalo leva à derrocada. Quererão aqueles que, a cada estreia e a cada nova publicação, nos asseguram que sofreram um abalo dizer que houve uma derrocada dentro deles? Ora, a expressão que antes estava consagrada continua a estar depois. Como poderiam eles conceder-se a pausa a que só se pode seguir a derrocada? Nunca ninguém a sentiu mais claramente do que Marcel Proust na morte da avó, que lhe provocou um grande abalo, mas não lhe pareceu real, até que à noite, ao descalçar os sapatos, lhe vêm as lágrimas. E por quê? Porque se curvou. Assim, o corpo é justamente o que desperta a dor profunda, e pode igualmente despertar o pensamento profundo. Ambas as coisas precisam do isolamento. Quem alguma vez subiu sozinho a uma montanha, chegou ao topo esgotado e depois iniciou a descida com passos que abalam todo o seu corpo, sentiu que o tempo se desagrega, as paredes divisórias no seu interior desabam e ele caminha por entre o cascalho dos instantes como num sonho. Por vezes, tenta parar e não consegue. Quem sabe que coisa o abala, se os pensamentos ou o caminho difícil? O seu corpo transformou-se num caleidoscópio que a cada passo lhe mostra figuras mutantes da verdade.

Ao sol

Diz-se que há dezessete espécies de figos na ilha. Seria bom que se conhecessem os seus nomes, diz para si o homem que caminha ao sol. Seria mesmo necessário não ter apenas visto as ervas e os bichos que dão à ilha rosto, som e cheiro, as estratificações do monte e os tipos de solo, que vão do amarelo poeirento ao castanho arroxeado, com largas faixas intermédias cor de cinábrio – seria preciso sobretudo conhecer os seus nomes. Não é cada canto da terra a lei de um encontro irrepetível de plantas e animais, e portanto cada nome de lugar um código atrás do qual flora e fauna se encontram pela primeira e última vez? Mas o camponês tem a chave dessa escrita cifrada. Conhece os nomes. E contudo não lhe é dado dizer nada sobre o seu lugar. Os nomes farão dele um homem de poucas palavras? Sendo assim, a plenitude das palavras só caberá então àquele que detém o saber sem os nomes, e a plenitude do silêncio àquele que nada tem a não ser os nomes?

Certamente que aquele que assim medita ao caminhar não é daqui, e se lá em casa lhe vieram pensamentos a céu aberto, isso aconteceu de noite. É com estranheza que se recorda de que povos inteiros – Judeus, Hindus, Mouros – construíram os edifícios do seu conhecimento sob um sol que a ele lhe parece tolher o pensamento. Esse sol está aí, escaldante, nas suas costas. Resina e tomilho impregnam o ar em que ele, ofegante, julga sufocar. Um zangão toca-lhe na orelha. Mas mal o ouviu aproximar-se, e já o turbilhão do silêncio o levou de novo. A mensagem de muitos verões, a que renunciara sem a atenção devida – pela primeira vez o seu ouvido se lhe abria, e logo ela se interrompeu. O atalho quase apagado alarga-se; o rastro leva-o até um feixe de lenha para carvão. Lá atrás se agacha, na névoa, o monte para onde olhava o homem que sobe.

Na sua face faz-se sentir uma impressão de frio. Pensa que é uma mosca, e bate na cara. Mas é apenas a primeira gota de suor. Em breve virá a sede. Não vem do palato, vem da barriga. A partir daí espalha-se por todo o corpo, instruindo-o, por maior que seja, na arte de absorver e beber com todos os poros o mais insignificante sopro. A camisa há muito que lhe escorregou dos ombros, e quando agora, para se proteger do sol, a puxa, é como se tivesse nas mãos uma capa molhada. Numa depressão do terreno, amendoeiras lançam as suas sombras aos pés dos troncos. As amêndoas são a riqueza desta terra. Não há fruto que dê mais proventos ao camponês. Nesta época, é o único que está maduro e que é agradável de apanhar em movimento. Custa à mão separar-se até das cascas depois de retirado o miolo. Leva-as durante algum tempo, e depois as deixa flutuar numa corrente que também a arrasta. As amêndoas estão maduras, mas não completamente; o óleo é mais fresco do que depois, quando a casca fica castanha e já não se conseguem tirar. Agora tem ainda a cor do marfim, como o queijo de cabra e os corpetes das mulheres. E de marfim é também o seu paladar. Quem as tem entre os dentes ouve, sem se mexer, fontes a rumorejar na folhagem das figueiras. Mas os figos escondem-se, verdes e duros, no pé das folhas. Chegou o momento em que só as árvores parecem estar vivas. Nos pinheiros cantam as cigarras, e o seu canto ecoa dos campos poeirentos, já ceifados, com a expressão desajeitada daqueles que deram tudo. O seu último bem, a sombra, míngua e recolhe-se aos pés das altas medas. Porque é a hora do recolhimento.

As próprias florestas agrupam-se em volta dos cumes como se o ancinho do verão as tivesse juntado. Só os salgueiros se erguem, isolados, no restolho, e a sua folhagem brilha, negra e esbranquiçada como prata de Tula. Nenhuma é mais vistosa, e apesar disso inacessível, mais rica em sinais que mal se deixam ver. Ainda assim, algum deles chegará àquele que passa, e vem-lhe à mente o dia em que sentiu com uma árvore. Nessa altura, precisava apenas da mulher que amava – em pé sobre a erva, sem se preocupar com ele – e da sua tristeza ou do seu cansaço. Ele encostava-se então a um tronco, e este o iniciava na sua maneira de sentir. Quando ele começou a oscilar, aprendeu com ele a encher o peito de ar e a expirar quando ele voltava à posição inicial. É claro que se tratava apenas do tronco bem cuidado de uma árvore ornamental; inimaginável seria a vida daquele que pudesse aprender com este tronco rachado que, cheio de fendas, se lança triplamente acima do chão e funda um mundo inexplorado que se abre na direção de três pontos cardeais. Não há atalho que leve a esse mundo. Mas, enquanto ele, indeciso, segue um deles, que ameaça traí-lo a cada momento, que dá sinal de se querer perder numa vereda ou de se interromper diante de uma barreira de espinhos, já o homem que há em si se refaz quando as pedras se dispõem em terraços e os sulcos de carros neles indicam que há uma propriedade nas proximidades.

Nenhum som anuncia a vizinhança de tais aglomerados. À sua volta, o silêncio do meio-dia parece duplicar. Mas agora os campos alargam-se, afastam-se uns dos outros para dar lugar a um segundo, a um terceiro caminho, e, enquanto muros e eiras se esconderam há muito atrás de cumes ou de folhagem, abre-se no abandono dos campos de cultivo a encruzilhada que assinala o meio. Não são estradas nem caminhos da mala-posta que a ele conduzem, mas também não são carreiros nem trilhos de caça: aí é o lugar onde, no campo aberto, se encontram os caminhos por onde desde há séculos passam camponeses e as suas mulheres, filhos e rebanhos, de campo para campo, de casa para casa, de pastagem para pastagem, e raramente sem voltarem no mesmo dia a dormir debaixo do mesmo teto. O chão aqui parece oco, o som com que responde aos passos faz bem a quem anda por aqui. Com esse som, a solidão coloca a terra aos seus pés. Quando chega a lugares que lhe são agradáveis, sabe que foi ela que o levou até lá, que foi ela que lhe mostrou aquela pedra para se sentar, aquela cova que serve de ninho aos seus membros. Mas ele já está demasiado cansado para se deter, e enquanto perde o controle dos pés que o levam depressa demais, dá-se conta de que a sua imaginação se separou dele e, encostada àquela larga encosta que acompanha o seu caminho à distância, começa a dispor dele como lhe apetece. Será que desloca rochedos e cumes? Ou aflora-os apenas com um sopro? Não deixa pedra sobre pedra, ou deixa tudo como estava?

Na doutrina chassídica há um ditado que tem a ver com o mundo que há de vir, e que diz: tudo aí será como é entre nós. O nosso quarto de agora será também assim no mundo futuro; os nossos filhos dormirão no mundo futuro no mesmo lugar onde dormem agora. O que vestimos neste mundo vestiremos no outro. Tudo será como aqui — só um nadinha diferente. A imaginação trabalha do mesmo modo. Lança apenas um véu sobre a distância. Tudo aí pode ser como era, mas o véu ondeia, e as coisas, imperceptivelmente, deslocam-se debaixo dele.

É uma mudança e uma troca; nada permanece e nada desaparece. Mas dessa tessitura soltam-se subitamente os nomes, penetram sem dizer uma palavra aquele que vai a caminho, e enquanto os seus lábios lhes dão forma, ele reconhece-os. Emergem, e então para que serve ainda esta paisagem? Eles passam sem deixar rastro por todas as lonjuras sem nome. Nomes das ilhas, que se oferecem ao primeiro olhar como grupos marmóreos sobre o mar, das escarpas que formam um horizonte dentado, das estrelas que o surpreenderam no barco ao ocuparem os seus lugares ao cair da noite. Calou-se o canto das cigarras, passou a sede, morreu o dia. Há ruídos subindo do fundo dos vales. Ladrar de cão, cair de pedra, chamamento distante? Enquanto escuta e tenta distinguir, no seu íntimo encontra-se, som após som, o cacho dos sinos. Agora, amadurece e cresce-lhe no sangue. Lírios florescem a um canto da sebe de cactos. Ao longe, atravessando os campos entre oliveiras e amendoeiras, passa um carro, mas sem ruído, e quando as rodas desaparecem atrás da folhagem, podemos imaginar mulheres gigantescas com o rosto voltado para ele, ondeando imóveis sobre a terra imóvel.

Autorretratos do sonhador

O *neto*

Decidimos fazer uma visita à avó. E fomos de charrete. Era ao cair da noite. Pela janela da portinhola vi luz em algumas casas do velho bairro ocidental de Berlim. Disse para comigo: esta é a luz *daquele* tempo, a mesma. Mas não passou muito tempo até que a fachada de uma casa antiga pintada de branco, ainda inacabada, me lembrou o presente. A charrete atravessou o cruzamento das ruas de Steglitz e de Potsdam. Quando continuou o seu percurso, já depois do cruzamento, perguntei de repente a mim mesmo: como era isto antigamente, quando a avó ainda estava viva? Não haveria guizos nos arreios do cavalo? Eu tenho de ser capaz de ouvir se os há ou não. E nesse mesmo instante agucei o ouvido e, com efeito, ouvi guizos. Ao mesmo tempo, o carro parecia já não rolar, mas deslizar sobre a neve. Agora a rua estava coberta de neve. As casas aproximavam-se muito umas das outras lá em cima, com os seus telhados de formas estranhas, de modo que entre elas só se via uma estreita nesga de céu. Viam-se, meio encobertas pelos telhados, nuvens em forma de anéis. Pensei em apontar para essas nuvens, e fiquei muito espantado quando alguém à minha frente lhes chamou "Lua". Chegados ao apartamento da avó, constatei que tudo o que era necessário para a nossa refeição tinha sido trazido por nós próprios. Café e bolos eram levados ao longo do corredor numa bandeja erguida. Entretanto, eu já tinha percebido que esse corredor levava ao quarto da avó, e fiquei desapontado por ela não estar de pé. Também nisso em breve tive de me resignar. Tinha passado tanto tempo desde esse momento! Quando, finalmente, entrei no quarto, estava deitada na cama uma menina precoce com um vestido azul já não muito limpo. Não estava coberta, e parecia estar muito confortável na cama larga. Saí, e vi então no corredor seis ou mais caminhas de criança alinhadas ao lado umas das outras. Em cada uma dessas camas havia um bebê, vestido como um adulto. Não tive outro remédio senão considerar, no íntimo, essas criaturas como membros da família. Isso me deixou muito perplexo, e acordei.

O vidente

Por cima de uma grande cidade. Arena romana. Noite. Realiza-se uma corrida de quadrigas. Trata-se – diz-me obscuramente a minha consciência – de Cristo. A meta está no centro da visão onírica. A colina caía a pique sobre a cidade a partir do lugar onde se situava a arena. Aos pés dessa colina encontro um bonde em movimento, na plataforma traseira, vestida de vermelho-fogo como os condenados, deparo com uma amiga próxima. O carro continua a rolar, e de repente vejo à minha frente o seu namorado. Os traços satânicos do seu rosto indescritivelmente belo sobressaem num sorriso contido. Tem nas mãos erguidas uma varinha, e quebra-a sobre a minha cabeça com as palavras: "Sei que és o profeta Daniel". Nesse momento eu ceguei. Continuamos a descer o monte em direção à cidade, e em breve chegamos a uma rua com casas do lado direito, campo aberto do esquerdo e uma porta em arco na saída. Fomos nessa direção. Apareceu um fantasma à janela do térreo de uma das casas à nossa direita. E à medida que íamos avançando, ele acompanhava-nos no interior de cada casa. Atravessava as paredes e ficava sempre em paralelo conosco. Eu via isso, apesar de estar cego. Senti que o meu amigo sofria sob os olhares do fantasma. Trocamos então de lugar: eu queria ficar do lado da fila de casas e protegê-lo. Quando chegamos ao arco, acordei.

O amante[66]

Eu tinha saído com a minha namorada, numa deambulação híbrida, entre passeio e caminhada pela montanha, e agora aproximávamos do cume. Estranhamente, eu insistia em identificar o cume com um poste muito alto que sobressaía obliquamente contra o céu, e que, destacando-se na imponente escarpa, a cruzava. Quando chegamos lá em cima, vimos que não era cume nenhum, mas sim um planalto atravessado por uma estrada larga e ladeada por casas antigas relativamente altas. De repente, já não íamos a pé, mas estávamos num carro, sentados ao lado um do outro no banco de trás, ao que me pareceu; talvez o carro tenha também mudado de direção enquanto íamos nele. Então, inclinei-me para a amada para beijá-la. Ela ofereceu-me não a boca, mas a face. E ao beijá-la reparei que aquela face era de marfim e toda atravessada de estrias negras artisticamente gravadas, de uma beleza que me comoveu.

Aquele que sabe

Vejo-me nos armazéns Wertheim diante de uma caixinha baixa com figuras de madeira, por exemplo uma ovelhinha, exatamente com a forma dos animais da Arca de Noé. A diferença é que esta ovelhinha

---

[66] O texto repete, omitindo o nome próprio de Jula [Cohn], o da p. 105, intitulado "Primeiro sonho".

era muito mais espalmada e feita de madeira tosca, e não pintada. Esse brinquedo atraiu-me. Quando peço à vendedora para me mostrar, descubro que é construído como as tabuinhas mágicas que vêm em certas caixas de magia: pequenas tabuinhas ligadas por fitas coloridas e que, quando se soltam, se separam, e ficam ora todas azuis, ora todas vermelhas, conforme se tenham manipulado as fitas. Depois dessa descoberta, a minha atração por aquele objeto de madeira cresceu ainda mais. Pergunto o preço, e fico muito surpreendido por custar mais de sete marcos. Decido prescindir da compra, por muito que isso me custe. Mas, ao voltar-me, o meu olhar recai sobre qualquer coisa de inesperado. A construção transformou-se. A tampa da caixa, plana, ergue-se, íngreme, em plano inclinado; mas na ponta há uma porta em arco. Um espelho preenche-a totalmente. Nesse espelho vejo o que se passa no plano inclinado, que é uma rua: duas crianças caminham pelo lado esquerdo. De resto, a rua está vazia. Tudo isso debaixo de uma placa de vidro. Mas as casas e as crianças nessa rua são coloridas. Agora já não posso resistir por mais tempo; pago o preço pedido e meto o objeto adquirido no bolso. À noite vou mostrá-lo aos meus amigos. Mas há agitação em Berlim. A multidão ameaça atacar o café onde nos reunimos; após febril deliberação, passamos em revista todos os outros cafés, nenhum parece oferecer segurança. Por isso, vamos em expedição para o deserto. Aí é noite, as tendas estão montadas; há leões nas proximidades. Eu não esqueci a minha preciosidade, que não deixarei de mostrar por nada deste mundo. Mas a ocasião não chega. A África atrai demais a todos. E eu acordo antes de poder revelar o segredo que entretanto se abriu para mim completamente: os três tempos em que o brinquedo se desdobra. A primeira tábua: aquela rua colorida com as duas crianças. A segunda: um labirinto de finas rodinhas, pistões e cilindros, tambores e transmissões, tudo em madeira, articulando-se numa superfície, sem pessoas nem sons. E por fim a terceira: a visão da nova ordem na Rússia soviética.

O homem mudo

Como eu, no sonho, sabia que tinha de deixar a Itália em breve, fiz a travessia de Capri para Positano. Estava dominado pela convicção de que uma parte dessa região só seria alcançável por quem aportasse a um lugar abandonado, impróprio para isso, à direita do ancoradouro propriamente dito. No sonho o lugar não tinha nada em comum com o real. Subi por uma encosta sem caminhos e fui dar a uma estrada abandonada e larga que se estendia por uma floresta nórdica de pinheiros, sombria e a apodrecer. Atravessei-a e voltei-me para trás. Uma corça, uma lebre ou algo parecido corria ao longo dessa estrada, da esquerda para a direita. Eu, porém, seguia em linha reta e sabia que o lugar de Positano era distante dessa solidão, à esquerda, um pouco abaixo da zona da floresta. Após alguns passos, abriu-se à minha frente uma parte antiga, há muito esquecida da floresta, um grande largo invadido pelas ervas com uma igreja alta e antiquada do lado esquerdo, mais comprido, e do lado direito, o mais estreito, em forma de enorme nicho, uma grande capela ou um batistério. Talvez algumas árvores delimitassem o lugar. De qualquer modo, existia ali um gradeamento de ferro alto que cercava o amplo largo onde se encontravam, a uma certa distância um do outro, aqueles dois edifícios. Aproximei-me dele, e vi um leão dando saltos mortais no largo. Avançava rapidamente rente ao chão. Assustado, deparei logo a seguir com um touro colossal com dois chifres enormes. E mal eu tinha me apercebido da presença dos dois animais, eles já saíam por uma abertura no gradeamento em que eu não tinha reparado. Num abrir e fechar de olhos o largo encheu-se de religiosos, e também de outras pessoas que, sob as suas ordens, se dispuseram em fila para receber instruções favoráveis aos animais, cujo perigo, entretanto, parecia afastado. Não me lembro de mais nada, a não ser de um irmão que se aproximou de mim. Quando me perguntou se eu era mudo, eu respondi "Sim!" com uma voz sonora e serena de que muito me admirei no sonho.

O cronista

O *Kaiser* estava num tribunal. Mas havia apenas um estrado com uma mesa em cima, e as testemunhas eram ouvidas diante dessa mesa. A testemunha que estava depondo era uma mulher que tinha consigo a filha pequena. O depoimento tinha a ver com o fato de o *Kaiser* tê-la reduzido à miséria com a guerra. E, para prová-lo, mostrou dois objetos que eram tudo o que lhe tinha restado. O primeiro era uma vassoura de cabo comprido. Com ela, disse, continuava a manter a casa limpa. O segundo era uma caveira. "Na verdade", disse, "o *Kaiser* fez-me tão pobre que não tenho outro recipiente para dar de beber à minha filha."

Sombras curtas (II)

Sinal secreto.

Há um dito de Schuler[67] que passou de boca em boca. Dizia ele que todo conhecimento deve conter um grãozinho de contrassenso, como os padrões das tapeçarias antigas ou os frisos ornamentais, nos quais se descobria sempre algum pequeno desvio em relação ao seu desenvolvimento regular. Por outras palavras: o que é decisivo não é a passagem de conhecimento a conhecimento, mas o salto adentro de cada conhecimento. É ele o sinal insignificante da autenticidade, que o distingue de toda mercadoria de série fabricada a partir de um molde.

Uma palavra de Casanova.

"Ela sabia", diz Casanova de uma alcoviteira, "que eu não teria coragem de ir embora sem lhe dar nada". Estranha afirmação. Que coragem seria necessária para enganar a alcoviteira com o seu pagamento? Ou, mais exatamente, que fraqueza é essa com que ela pode sempre contar? É a vergonha. A alcoviteira vende-se, mas não a vergonha do cliente que solicita os seus serviços. Este, cheio de vergonha, procura um esconderijo e encontra o mais escondido de todos: no dinheiro. O descaramento lança a primeira moeda sobre a mesa; a vergonha paga mais cem para encobri-la.

A árvore e a linguagem.

Subi por uma ladeira e deitei-me debaixo de uma árvore. A árvore era um choupo ou um amieiro. Por que razão não me lembro da sua espécie? Porque enquanto eu olhava para a folhagem e seguia o seu movimento, ela subitamente se apoderou da linguagem em mim, de tal modo que esta consumou num instante, na minha presença, o antiquíssimo enlace com a árvore. Os troncos, e, com eles, também a copa, ondulavam, pensativos, ou arqueavam-se em sinal de recusa; os ramos mostravam-se atenciosos ou arrogantes; a folhagem rebelava-se contra uma brusca corrente de ar, estremecia diante dela ou acolhia-a;

---

[67] Alfred Schuler (1865-1923): escritor alemão que contribuiu, com Ludwig Klages, para a redescoberta de Bachofen, por quem Benjamin também se interessou (vide nota 50).

o tronco dispunha de um bom pedaço de terra sobre o qual assentava; e uma folha lançava a sua sombra sobre a outra. Uma leve aragem tocava a música nupcial e espalhou pouco depois por todo o mundo os filhos que nasceram dessa cama, num discurso constituído por imagens.

O jogo.

O jogo, como qualquer outra paixão, dá-se a conhecer pelo modo como a centelha, no plano do corpo, salta de um centro para o outro, mobilizando ora este, ora aquele órgão, concentrando e circunscrevendo nele toda a existência. É este o prazo concedido à mão direita, até que a esfera caia no seu compartimento. Como um avião, aquela passa por cima das colunas de números, espalhando nos seus sulcos as sementes das fichas. Anunciando esse compasso de espera, o instante, reservado exclusivamente ao ouvido, em que a esfera começa a girar em redemoinho e o jogador fica à espera, para ver de que modo a fortuna afina os baixos. No jogo, que apela a todos os sentidos, sem excluir o dom atávico da vidência, chega também a vez dos olhos. Todos os números piscam, fazendo-lhes sinais. Mas, como essa linguagem dos sinais foi a que o olho desaprendeu mais radicalmente, este geralmente engana aqueles que nele confiam. Mas são precisamente esses os que se dedicam ao jogo com mais devoção. Por um instante ainda, a aposta perdida fica à sua frente. O regulamento os faz conter-se. Mas não de maneira diferente do amante em relação ao desfavor daquela que venera. Vê a mão dela ao alcance da sua, mas não fará nada para segurá-la. O jogo tem devotos apaixonados que o amam por aquilo que ele é, e não por aquilo que ele dá. E quando ele lhes leva tudo, buscam a culpa em si próprios. Dizem então: "Joguei mal". E esse amor traz de tal modo em si mesmo a recompensa pelo seu zelo, que até as perdas são agradáveis, porque com elas o jogador mostra a sua abnegação. Um desses irrepreensíveis cavaleiros da fortuna foi o príncipe de Ligne, que frequentava os clubes de Paris nos anos que se seguiram à queda de Napoleão e ficou famoso pela sua reação às perdas mais extraordinárias. A sua postura era sempre a mesma, dia após dia. A mão direita, que lançava continuamente sobre a mesa as avultadas apostas, ficava caída, morta. Mas a esquerda permanecia imóvel, na horizontal, enfiada no colete sobre o lado direito do peito. Mais tarde, soube-se pelo seu camareiro que tinha três cicatrizes desse lado do peito – precisamente as marcas das unhas dos três dedos que aí estavam sempre cravados, imóveis.

O longe e as imagens.

O gosto pelo mundo das imagens não se alimentará de uma obscura resistência ao saber? Olho para a paisagem lá fora: o mar parece um espelho na sua baía, as florestas sobem até ao cume do monte como massas imóveis e mudas; mais longe, as ruínas de um castelo, desde há séculos inalteradas; o céu resplandece sem nuvens, no seu azul eterno. É isso que o sonhador deseja. Que esse mar sobe e desce em bilhões e bilhões de ondas, que as florestas estremecem a cada momento da raiz até às folhas, que nas pedras das ruínas do castelo estão continuamente em ação forças que as fazem desmoronar-se e esfarelar-se, que no céu os gases entram em turbilhão, em lutas invisíveis – tudo isso ele tem de esquecer para se entregar às imagens. Nelas encontra serenidade, eternidade. Cada asa de pássaro que o roça, cada golpe de vento que lhe provoca um frêmito, cada coisa próxima que o toca o desmente. Mas toda a distância lhe reconstrói o sonho, que se apoia em cada parede de nuvens, que se ilumina de novo com a luz de cada janela. E revela-se na sua máxima perfeição quando consegue retirar o aguilhão do próprio movimento e transformar o golpe de vento num sussurro e a rápida passagem dos pássaros no deslizar das aves migratórias. O prazer do sonhador é o de fixar a natureza na moldura de imagens esmaecidas. O dom do poeta é o de conjurá-la a cada novo chamamento.

Habitar sem deixar vestígios.

Quando se entra numa casa burguesa dos anos oitenta, por mais "conforto" que aí se respire, a impressão mais forte que fica é: "Isto não é para ti". E não é para ti porque ali não há um único canto em que o seu morador não tenha já deixado as suas marcas: nos *bibelots* das cornijas, nos *naperons* com monograma dos sofás, nos quadros transparentes em frente das janelas, no guarda-fogo diante da lareira. Há uma bela frase de Brecht que nos ajuda a fugir daqui, para bem longe: "Apaga os vestígios!".[68] Aqui, na sala burguesa, foi o comportamento oposto que se tornou hábito. E, por seu lado, o interior obriga os seus moradores a adquirir o máximo possível de hábitos. Estes se concentram

---

[68] A citação é o refrão do primeiro poema da coletânea de Brecht *Aus einem Lesebuch für Städtebewohner* [De um compêndio para os habitantes das cidades], de 1926, mas só publicado no n. 2 dos *Versuche* (a série de cadernos de grande formato em que Brecht vai publicando as suas obras) em 1930.

na imagem do "hóspede de quarto mobiliado", como o viam as senhoras que os alugavam. Viver nesses aposentos aveludados não era mais do que deixar atrás de si vestígios produzidos pelos hábitos. Até a cólera, que, ao menor dano, se apoderava da vítima, era talvez apenas a reação de alguém a quem apagaram "o rastro dos trabalhos e dos dias".[69] Marcas deixadas por ela em almofadas e sofás, pelos parentes em fotografias, pelos objetos possuídos em capas e estojos, e que faziam aquelas salas parecer tão atravancadas como um columbário. Agora, os arquitetos criaram algo de novo, com seu vidro e seu aço: espaços em que não é fácil deixar vestígios. "Depois do que foi dito", escreveu Scheerbart já há vinte anos, "bem podemos falar de uma 'cultura do vidro'. O novo ambiente do vidro transformará radicalmente as pessoas. O que se pode desejar é que essa nova cultura do vidro não encontre muitos opositores."[70]

Sombras curtas.[71]

Quando se aproxima a hora do meio-dia, as sombras são apenas os contornos negros, nítidos aos pés das coisas, prontas a regressar silenciosas, discretas, à sua toca, ao seu segredo. É então que, na sua plenitude densa e concentrada, chega a hora de Zaratustra, do pensador no "meio-dia da vida", no "jardim de verão". Na verdade, como o Sol no zênite da sua trajetória, é o conhecimento que abarca as coisas com o maior rigor.

Imagens de pensamento

Sobre a morte de um velho

A perda com que uma morte pode afetar alguém muito mais novo talvez dirija pela primeira vez o seu olhar para aquilo que pode prevalecer entre duas pessoas separadas por uma diferença de idade muito grande, mas ligadas pelo afeto. O morto era um parceiro com quem certamente

---

[69] Citação da fala de Fausto antes da morte, no *Fausto II* de Goethe, V Ato, v. 11583.

[70] Paul Scheerbart (pseudônimo de Bruno Küfer, 1863-1915) é um arquiteto e autor "expressionista" de literatura fantástica e já surreal. A citação vem do seu livro sobre a arquitetura do vidro, *Glasarchitektur*, publicado em 1914 na editora do núcleo de vanguarda berlinense "Der Sturm".

[71] Este texto repete o da página 75.

não se podia abordar a maior parte dos assuntos, e os mais importantes, que nos diziam respeito. Em compensação, o diálogo com ele estava cheio de uma frescura e de uma paz como nunca seria possível com alguém da mesma idade. Mas isso tinha duas causas distintas. Por um lado, qualquer reconhecimento mútuo, até o mais insignificante, conseguido para além do abismo de gerações era muito mais forte do que se fosse entre iguais. Por outro lado, o mais novo achou qualquer coisa que mais tarde, quando os mais velhos o tivessem deixado, desapareceria até ele próprio ser velho: um diálogo isento de qualquer calculismo e de todas as condicionantes exteriores, porque nenhum dos interlocutores esperava nada do outro, nenhum deparou com outro sentimento que não fosse: benevolência sem qualquer complemento.

O bom escritor

O bom escritor não diz mais do que aquilo que pensa. E muita coisa depende disso. É que o dizer não é apenas a expressão, mas também a realização do pensamento. Do mesmo modo, andar não é apenas a expressão do desejo de alcançar um objetivo, mas a sua realização. Já a natureza dessa realização, se ela é conforme ao seu objetivo de forma exata ou se se perde, exuberante e imprecisa, no desejo, isso depende do treino daquele que está a caminho. Quanto mais disciplinado for, evitando os movimentos supérfluos, gesticulantes e deambulantes, tanto mais cada postura do corpo se basta a si mesma, e tanto mais adequada a sua atuação. O mau escritor tem muitas ideias e esgota-se nelas, como o mau corredor, não treinado nos movimentos indolentes e impulsivos dos membros. Mas é por isso mesmo que ele nunca pode dizer sobriamente o que pensa. O dom do bom escritor é o de, pelo seu estilo, dar ao pensamento o espetáculo oferecido por um corpo treinado com inteligência e eficácia. Nunca diz mais do que aquilo que pensou. Assim, a sua escrita aproveita não ele próprio, mas tão somente aquilo que quer dizer.

Sonho

A família O... mostrava-me a sua casa nas Índias holandesas. O quarto onde me encontrava estava forrado de madeira escura e sugeria uma casa abastada. Mas aquilo ainda não era nada, diziam os meus guias. Que esperasse para ver a vista do andar de cima. Imaginei uma vista sobre o mar aberto, ali mesmo ao lado, e subi a escada. Quando cheguei lá em cima me vi diante de uma janela. Olhei para baixo. E o que tinha diante dos olhos era aquele mesmo quarto quente, confortável e forrado de madeira de onde acabara de sair.

Conto e cura

A criança está doente. A mãe coloca-a na cama e senta-se a seu lado. E depois começa a contar-lhe histórias. Como entender isso? Pressenti-o quando N. me falou do estranho poder de cura associado às mãos da sua mulher. Mas sobre essas mãos disse: "Os seus movimentos eram extremamente expressivos. Mas seria impossível descrever essa expressão... Era como se contassem uma história". A cura pelo conto já a conhecemos das Fórmulas Mágicas de Merseburg.[72] Não se limitam a repetir a fórmula de Odin, mas narram os fatos que levaram este a utilizá-las pela primeira vez. Sabemos também como o relato que o doente faz ao médico no começo de um tratamento pode se tornar o início de um processo de cura. Daí a pergunta: não constituirá a narração o clima adequado e a condição mais favorável de tanta cura? E ainda: não seria toda doença curável se se deixasse arrastar o mais longe possível – até a foz – pela corrente da narração? Se imaginarmos que a dor é um dique que resiste à corrente da narrativa, constataremos claramente que ele será derrubado se a inclinação for suficientemente forte para arrastar para o mar do esquecimento feliz tudo o que encontrar pelo caminho. A mão que acaricia traça o leito desse rio.

Sonho

Berlim; eu ia sentado numa charrete, na companhia de moças mais que duvidosas. Subitamente, o céu escureceu. "Sodoma", disse uma senhora de idade, de chapeuzinho, que de repente também se encontrava na charrete. E assim chegamos à saída de uma estação ferroviária, onde as linhas abriam em leque. Aí começou por se realizar um julgamento em que as duas partes estavam sentadas em duas esquinas da rua, na calçada,

---

[72] As *Merseburger Zaubersprüche* são um dos primeiros documentos do antigo alto alemão, copiadas na folha de anterrosto de um missal do século X, encontrado na catedral de Merseburg por Jakob Grimm em 1842, mas datando provavelmente do século VIII. Trata-se de duas pequenas narrativas que terminam com fórmulas mágicas de inspiração pagã, uma sobre a libertação de prisioneiros, a outra sobre a cura de um cavalo manco.

uma em frente da outra. Eu vi na Lua enorme e descorada, que apareceu no céu a baixa altura, um símbolo da justiça. Em seguida, participei de uma pequena expedição que se deslocava sobre uma rampa como as das estações de mercadorias (estava, e permaneci, na zona ferroviária). Paramos ao chegar a um pequeno riacho. O riacho corria entre duas fitas formadas por placas convexas de porcelana, que, no entanto, eram mais flutuantes do que firmes e cediam sob os nossos pés como boias. Não tenho a certeza se as segundas, do outro lado, eram realmente de porcelana. Penso antes que seriam de vidro. De qualquer modo, estavam totalmente cobertas de flores que saíam, como cebolas, de recipientes de vidro, mas esféricos e de várias cores, e que chocavam levemente uns com os outros na água, ainda como boias. Entrei por um momento no piso de flores da fileira mais distante. Ao mesmo tempo, ia ouvindo as explicações dadas por um funcionário subalterno baixinho, que nos servia de guia. Nesse regato, e de acordo com as suas explicações, matam-se os suicidas, os pobres que nada têm além de uma flor que seguram entre os dentes. Essa luz caía agora sobre as flores. Estamos perante um Aqueronte, poderíamos pensar; mas no sonho não era nada disso. Mostraram-me em que lugar das primeiras placas eu deveria colocar o pé ao regressar. Nessa seção a porcelana era branca e estriada. Fizemos o caminho de volta, conversando, desde o fundo da estação de mercadorias. Chamei a atenção para o estranho desenho dos ladrilhos que tínhamos ainda debaixo dos pés, e para a possibilidade de usá-los num filme. Mas não queriam que se falasse em público de tais projetos. De repente, veio ao nosso encontro, no caminho descendente, um rapaz maltrapilho. Os outros, ao que parece, deixaram-no passar calmamente; só eu procurei febrilmente nos bolsos uma moeda de cinco marcos. Não encontrei. Dei-lhe, ao passar por mim – porque não parou na sua caminhada –, uma moeda menor, e acordei.

A "Nova Comunidade"

Estava lendo *Friedensfest* e *Einsame Menschen*.[73] As pessoas comportavam-se de forma grosseira naquele ambiente de Friedrichshagen.

---

[73] *Friedensfest* [Festa da paz] e *Einsame Menschen* [Seres solitários] são duas peças de Gerhart Hauptmann (1862-1946), o principal dramaturgo naturalista alemão. A "Nova Comunidade" (Neue Gemeinschaft) do título refere-se ao círculo naturalista da "colônia artística" de Friedrichshagen, de que faziam parte Wilhelm Bölsche (1861-1939) e Bruno Wille (1860-1928).

Mas parecem ter se comportado igualmente de modo infantil nessa "Nova Comunidade" de Bruno Wille e Bölsche, que deu o que falar na juventude de Gerhart Hauptmann. O leitor de hoje pergunta-se se pertencerá a uma estirpe de espartanos, em face de sua muito maior disciplina. Que tipo mais grosseiro esse Johannes Vockerath, que Hauptmann apresenta com visível simpatia. O pressuposto desse heroísmo dramático parece ser a grosseria e a indiscrição. De fato, esse pressuposto não é mais do que a sua doença. Aqui, como em Ibsen, as suas muitas variantes parecem ser outros tantos nomes para a doença do Fim de Século, o *mal du siècle*. Naqueles boêmios meio arruinados, como Braun e o Pastor Scholz, o desejo de liberdade é o mais forte. Por outro lado, porém, parece que a ocupação obsessiva com a arte, com a questão social, é que os pôs assim tão doentes. Em outras palavras: aqui, a doença é um emblema social, tal como a loucura entre os Antigos. Os doentes têm um conhecimento muito especial do estado da sociedade. Neles, que não têm papas na língua, manifesta-se um faro infalível para detectar a atmosfera em que respiram os seus contemporâneos. A zona dessa mudança das condições atmosféricas chama-se "nervosismo". Os nervos são fios inspirados, como aquelas fibras que se estendiam, com rejuvenescimentos insatisfeitos, com meandros cheios de nostalgia, nos móveis e nas fachadas dos prédios por volta de mil e novecentos. A figura do boêmio preferida da Art Nouveau era a de uma Dafne que, à aproximação da realidade que a persegue, se transforma num feixe de fibras nervosas postas a descoberto, frementes no ar do tempo presente.

Biscoito, pena, pausa, lamento, futilidade

Palavras como essas, sem ligação ou nexo entre si, são o ponto de partida de um jogo muito em voga na época do *Biedermeier*. Cada jogador tinha de dispô-las num texto conciso, sem lhes alterar a ordem. Quanto mais curta a frase, quanto menos momentos de ligação contivesse, tanto melhor a solução. Esse jogo gera os mais interessantes achados, sobretudo quando jogado por crianças. Para elas, de fato, as palavras ainda são como cavernas entre as quais elas conhecem os mais estranhos caminhos de ligação. Imagine agora, porém, o jogo ao contrário, veja uma frase como se ela fosse construída segundo as suas regras. Esta ganharia imediatamente para nós um rosto estranho, estimulante. Na verdade, uma parte dessa visão está contida em cada ato de leitura. Não é só o povo que lê assim romances, guiado pelos nomes e pelas fórmulas que lhe saltam do texto. Também os mais cultos, ao lerem, estão à espera de encontrar expressões e palavras, e o sentido é apenas o plano de fundo sobre o qual pousa a sombra que elas projetam como figuras em relevo. Isso é visível, por exemplo, naqueles textos a que chamamos sagrados. O comentário que os serve escolhe palavras desse texto como se elas lhe tivessem sido ditadas pelas regras daquele jogo, para serem reduzidas a uma solução. E, na verdade, as frases que uma criança constrói com as palavras no jogo têm mais afinidades com as dos textos sagrados do que com a linguagem corrente dos adultos. Dou um exemplo que mostra a ligação entre as palavras dadas, feita por uma criança de doze anos: "O tempo lança-se pela natureza como um biscoito. A pena pinta a paisagem, e, se surge uma pausa, ela é preenchida com chuva. Ouve-se um lamento, porque aqui não há futilidade".

Uma vez não são vezes

Ao escrever paramos de vez em quando numa bela passagem, mais bem-sucedida que todas as outras, e depois da qual não sabemos como prosseguir. Passa-se qualquer coisa de estranho. É como se houvesse algo de bem-sucedido mau ou estéril, e talvez devamos tentar perceber o que isso é para apreendermos o que significa algo de verdadeiramente bem-sucedido. No fundo, são duas expressões que se confrontam: o "de uma vez por todas" e o "uma vez não são vezes". Naturalmente que há situações em que basta a primeira – no jogo, num exame, num duelo. Mas nunca no trabalho. Este dá plenos poderes ao "uma vez não são vezes". Acontece, porém, que nem todos se dispõem a investigar a fundo as práticas e as operações nas quais essa sabedoria lança raízes. Trotsky o fez nas poucas frases com que levantou um monumento ao trabalho do pai na seara: "Olho-o, comovido", escreve. "O meu pai move-se de forma simples, costumeira; dir-se-ia que não está trabalhando; os passos são iguais, passos tateantes, como se procurasse o melhor lugar para começar. A sua foice abre caminho de forma simples, sem qualquer afetação artificial; pensar-se-ia antes que não está muito segura; e, no entanto, corta bem, rente ao solo, e vai formando do lado esquerdo uma fita regular com os molhos cortados."[74] Temos aqui o modo de trabalhar do homem experiente, que aprendeu a recomeçar a cada dia, com cada lance da foice. Não se deita à sombra do que produziu, sob as suas mãos o que produziu dissipa-se mesmo, e torna-se imperceptível. Só mãos dessas são capazes de realizar as mais difíceis tarefas a brincar, porque são cuidadosas com as mais fáceis. "Ne jamais profiter de l'élan acquis",[75] diz Gide. Entre os escritores, conta-se entre aqueles em cujas obras as "belas passagens" são as mais raras.

Belo terrível

Catorze de julho. Do Sacré-Coeur desce fogo de artifício sobre Montmartre. O horizonte atrás do Sena arde. Foguetes sobem e apagam-se sobre a planície. Dezenas de milhares de pessoas apinham-se na encosta íngreme para ver o espetáculo. E esta multidão vai ondulando continuamente num murmúrio, como as pregas formadas pelo vento numa gabardine. Se apurarmos mais o ouvido, ouvimos ainda qualquer coisa mais do que a espera dos foguetes e petardos. Não espera esta multidão amorfa uma catástrofe suficientemente grande para fazer saltar faíscas da sua tensão? Um grande incêndio ou o fim do mundo? Qualquer coisa que fizesse deste murmúrio de cetim a mil vozes um único grito, como o golpe de vento que põe a descoberto o forro escarlate da gabardine? O grito claro do terror, o pânico horrorizado, é o reverso de todas as autênticas celebrações de massas. O leve frêmito que percorre os inumeráveis ombros anseia de medo por esse grito. Para a existência mais profunda e inconsciente das massas, festejos e incêndios são apenas um jogo preparatório do instante da sua maioridade, da hora em que o pânico e a festa, reconhecendo-se após uma longa separação dos dois irmãos, se abraçam na insurreição revolucionária. É com razão que se celebra a noite do catorze de junho na França com fogo de artifício.

---

[74] Citação da autobiografia de Trotsky. A edição utilizada por Benjamin deve ter sido a francesa (*Ma vie*, Paris, 1930).

[75] "Nunca tirar proveito do entusiasmo adquirido". A frase, citada em francês por Benjamin, encontra-se na obra de André Gide *Journal des faux-monnayeurs* (Paris: Gallimard, 1929, p. 89).

Uma vez mais

No sonho, estava no Internato de Haubinda,[76] onde tinha crescido. O edifício da escola estava atrás de mim, e eu caminhava na floresta, sem vivalma, na direção de Streufdorf. Mas agora já não era o ponto em que a floresta termina e começa a planície, onde aparecem na paisagem a aldeia e o pico do monte Straufhaim; ao subir um monte por uma encosta suave, ele caía quase a pique do outro lado, e lá do alto, uma altura que diminuía à medida que eu ia descendo, vi a paisagem através de um oval de copas de árvore, como na moldura preta de ébano de uma fotografia antiga. Em nada se parecia com a que eu imaginara. A povoação de Schleusingen ficava junto a um grande rio azul, que na realidade fica muito longe, e eu fiquei sem saber: seria Schleusingen ou Gleicherwiesen? Tudo estava banhado numa umidade colorida, e apesar disso dominava um negro pesado e molhado, como se a imagem fosse o campo, acabado de lavrar penosamente, no qual foram lançadas nessa altura as sementes da minha vida futura.

Pequenas habilidades

Escrever bem[77]

O bom escritor não diz mais do que aquilo que pensa. E muita coisa depende disso. É que o dizer não é apenas a expressão, mas também a realização do pensamento. Do mesmo modo, andar não é apenas a expressão do desejo de alcançar um objetivo, mas a sua realização. Já a natureza dessa realização, se ela é conforme ao seu objetivo de forma exata ou se se perde, exuberante e imprecisa, no desejo, isso depende do treino daquele que está a caminho. Quanto mais disciplinado for, evitando os movimentos supérfluos, gesticulantes e deambulantes, tanto mais cada postura do corpo se basta a si mesma, e tanto mais adequada a sua atuação. O mau escritor tem muitas ideias e esgota-se nelas, como o mau corredor, não treinado nos movimentos indolentes e impulsivos dos membros. Mas é por isso mesmo que ele nunca pode dizer sobriamente o que pensa. O dom do bom escritor é o de, pelo seu estilo, dar ao pensamento

---

[76] *Landerziehungsheim Haubinda*: a escola de pedagogia avançada onde Benjamin passou dois anos, em 1905-1906.

[77] Texto idêntico ao da p. 123, lá com o título "O bom escritor".

o espetáculo oferecido por um corpo treinado com inteligência e eficácia. Nunca diz mais do que aquilo que pensou. Assim, a sua escrita serve não a ele próprio, mas tão somente àquilo que quer dizer.

Ler romances

Nem todos os livros se leem do mesmo modo. Os romances, por exemplo, existem para serem devorados. Lê-los é uma volúpia da assimilação. Não se trata de empatia. O leitor não se coloca no lugar do herói, mas assimila o que lhe acontece. O relato vivo disso é a forma de apresentação apetitosa que traz à mesa um prato suculento. É certo que também há alimentos crus da experiência – tal como há alimentos crus para o estômago –, concretamente: as experiências que nos passam pela própria pele. Mas a arte do romance, como a arte da cozinha, só começa para além dos alimentos crus. E quantas substâncias suculentas não existem que são intragáveis em estado cru! E quantas experiências que são aconselháveis em estado de leitura, mas não de vivência! Fazem proveito a muito boa gente que morreria se passasse por elas *in natura*. Em suma: se existe uma musa do romance – a décima –, o seu emblema é o da fada da cozinha. Tira o mundo do seu estado cru, para lhe preparar pratos comestíveis e extrair dele o seu gosto. Se tiver de ser, pode ler-se o jornal à refeição. Mas nunca um romance. São tarefas necessárias, mas que entram em conflito.

Arte de narrar[78]

Cada manhã nos traz as novidades do globo terrestre. E no entanto somos pobres em histórias de espanto. E por quê? Porque não há acontecimento que nos chegue sem estar já impregnado de explicações. Por outras palavras: quase mais nada do que acontece se aproveita da narração, quase tudo da informação. De fato, já é meio caminho andado na arte da narração reproduzir uma história libertando-a de explicações. Os Antigos, com Heródoto à cabeça, eram mestres nisso. No décimo quarto capítulo do terceiro livro das suas *Histórias* encontramos a história de Psamênite. Quando o rei dos Egípcios, Psamênite, foi vencido e feito prisioneiro pelo rei dos

---

[78] Este texto foi posteriormente integrado no ensaio "Der Erzähler" [O contador de histórias], a incluir em próximo volume desta série de obras de Benjamin. No ensaio "O contador de histórias" corresponde ao final da parte VI e à parte VII.

Persas, Cambises, este fez questão de humilhar o seu prisioneiro. Deu ordens para que expusessem Psamênite na estrada pela qual iria passar o cortejo triunfal dos Persas. E organizou ainda as coisas de modo a que o prisioneiro visse passar a filha, agora criada, com o cântaro para ir à fonte. Enquanto todos os Egípcios se lamentavam e clamavam perante esse espetáculo, Psamênite permaneceu calado e impassível, de olhos postos no chão; e ao ver passar pouco depois o filho, arrastado na fileira dos que iam ser executados, manteve-se também impassível. Mas, ao deparar com um dos seus criados, um homem velho e pobre, no meio dos prisioneiros, começou a bater com os punhos na cabeça, dando sinais da mais funda tristeza. Por esta história se pode ver como deve ser a autêntica narração. A informação esgotou o que valia no momento em que foi novidade. Vive apenas nesse momento. Tem de se lhe entregar por completo e explicar-se perante ele, sem perda de tempo. Outra coisa é o que se passa com a narração: não se esgota. Mantém a sua força concentrada no seu interior e é suscetível de desenvolvimentos muito tempo depois. Assim, Montaigne lembrou a história do rei egípcio e perguntou-se: por que razão se lamenta ele ao ver o criado, e não antes? E responde: "Como já estava a transbordar de tristeza, uma gota mais bastou para rebentar os diques".[79] É assim que a história pode ser entendida. Mas ela admite também outras explicações. Qualquer um pode conhecê-las, se colocar a questão de Montaigne no círculo dos seus amigos. Um dos meus disse, por exemplo: "O rei não se sente tocado pelo destino dos que são de estirpe régia, porque esse é o seu próprio destino". Outro respondeu: "No palco, somos tocados por muita coisa que na vida nos deixa insensíveis; este criado é apenas um ator para o rei". E um terceiro: "A grande dor acumula, e só irrompe quando desaparece o estado de tensão. Esse momento deu-se com o aparecimento do criado". – "Se essa história tivesse se passado hoje", comentou um quarto, "todos os jornais escreveriam que Psamênite ama mais o criado do que os filhos". Certo é que qualquer repórter a teria explicado num abrir e fechar de olhos. Heródoto não perde uma palavra para explicá-la. O seu relato é o mais seco possível. É por isso que essa história do antigo Egito ainda consegue despertar em nós espanto e reflexão.

---

[79] Montaigne, *Éssais*, livro I, capítulo 2 ("De la tristesse").

É como as sementes que ficaram durante milênios hermeticamente fechadas nas câmaras funerárias das pirâmides e conservaram até hoje o poder de germinar.

Depois da consumação

Muitas vezes a gênese das grandes obras foi entendida à imagem do nascimento. Essa imagem é uma imagem dialética: abarca o processo por dois lados. Um deles tem a ver com a concepção criativa, e refere-se, no gênio, ao elemento feminino. Esse elemento feminino esgota-se uma vez consumada a obra. Dá vida à obra e depois se extingue. O que morre no mestre com a criação consumada é aquela parte nele em que a obra foi concebida. Ora, acontece que essa consumação da obra – e isso nos leva ao outro lado do processo – não é coisa morta. Não se pode alcançar a partir de fora; não se chega lá limando e aperfeiçoando. Realiza-se no interior da própria obra. E também aqui se fala de nascimento. É a própria criação que, ao se consumar, dá novamente à luz o criador. Não na sua feminilidade, em que foi concebida, mas no seu elemento masculino. Extasiado, ele supera a natureza: pois essa existência, que ele recebeu pela primeira vez das obscuras profundezas do ventre materno, terá de agradecê-la agora a um reino mais luminoso. A sua terra natal não é o lugar onde nasceu: ele vem ao mundo no lugar que é a sua terra natal. É o primogênito masculino da obra por ele concebida um dia.

Sobre o haxixe e outras drogas

Haxixe em Marselha

Nota prévia: Um dos primeiros sinais de que o haxixe começou a atuar "é uma vaga sensação de premonição e angústia; qualquer coisa de estranho e de inevitável se aproxima... Surgem imagens e séries de imagens, recordações há muito tempo soterradas, regressam cenas e situações que começam por suscitar interesse, às vezes prazer, e finalmente, quando não conseguimos libertar-nos delas, cansaço e dor. Somos surpreendidos e assaltados por tudo o que acontece, também por aquilo que dizemos e fazemos. O riso e tudo o que dizemos atingem-nos como acontecimentos vindos de fora. Chegamos também a experiências próximas da inspiração, da iluminação... O espaço pode dilatar-se, o chão inclinar-se, surgem sensações atmosféricas: névoa, opacidade, pesadez do ar; as cores tornam-se mais claras, mais luminosas, e os objetos mais belos, ou então mais toscos e ameaçadores... Tudo isso não acontece de forma contínua; o mais comum é uma mudança ininterrupta entre estados oníricos e de vigília, um vaivém constante, e por fim esgotante, entre diversos estados de consciência; esse afundamento e esse emergir podem dar-se no meio de uma frase... De tudo isso o tomador de haxixe dá conta numa forma que a maior parte das vezes se afasta muito da norma. Devido ao corte frequente entre cada lembrança e a precedente, o nexo entre as coisas torna-se difícil de estabelecer, o pensamento não ganha forma de palavra, a situação

> pode tornar-se tão irresistivelmente hilariante que o consumidor de haxixe durante minutos não consegue fazer mais nada a não ser rir... A lembrança do estado de êxtase é surpreendentemente nítida". – "É curioso que a intoxicação com haxixe não tenha até agora sido estudada experimentalmente. A melhor descrição desse estado é a de Baudelaire (em *Os Paraísos Artificiais*)." (De: Joël e Fränkel, "Der Haschisch-Rausch" [O êxtase do haxixe], *Klinische Wochenschrift*, 1926, v. 37).

Marselha, 29 de julho. Às sete da tarde, depois de longa hesitação, tomei haxixe. Durante o dia tinha estado em Aix. Deito-me na cama com a absoluta certeza de que nesta cidade de centenas de milhares de habitantes, onde ninguém me conhece, ninguém viria perturbar-me. E no entanto perturba-me uma criança pequena chorando. Penso que já passaram três quartos de hora. Mas foram apenas vinte minutos... E continuo deitado na cama, lendo e fumando. À minha frente, sempre aquela perspectiva do ventre de Marselha. A rua que tantas vezes vi é como o corte feito por uma faca.

Saí finalmente do hotel, parecia-me que o efeito não se faria sentir, ou que seria tão fraco que não precisava de me preocupar em ficar em casa. Primeira parada: o café na esquina da Cannebière com o Cours Belsunce. Visto do porto, o da direita, portanto não o meu café habitual. E então? Bom, por enquanto apenas um certo bem-estar, a expectativa de ver as pessoas dirigirem-se a nós amigavelmente. A sensação de solidão perde-se bastante depressa. A minha bengala começa a dar-me uma alegria especial. Tornamo-nos tão frágeis, tememos que uma sombra que cai sobre o papel o possa danificar. – A náusea desaparece. Lemos os letreiros nos urinóis. Não me admiraria nada se este ou aquele viessem ao meu encontro. Não o fazem, mas isso me é igualmente indiferente. No entanto, há barulho demais aqui.

Agora se fazem sentir as exigências de tempo e espaço que o fumante de haxixe experimenta. E, como se sabe, são absolutamente régias essas exigências. Para quem tomou haxixe, Versalhes ainda é pequeno, e a eternidade não lhe basta. E no plano de fundo dessas dimensões imensas da vivência interior, da duração absoluta e do espaço incomensurável, instala-se agora um maravilhoso e sereno humor, tanto mais quanto maiores as contingências de espaço e tempo. Sinto infinitamente esse humor quando, no restaurante Basso, me dizem que a cozinha está quase fechando, agora que eu me sentei à mesa preparando-me para cear pela eternidade adentro. Apesar disso, depois vem a sensação de que tudo isso é luminoso, cheio de gente, animado, e que assim permanecerá. Tenho de anotar o modo como encontrei o meu lugar. O que eu queria era um lugar com vista para o *vieux port*, dos andares superiores. Ao passar em baixo tinha descoberto uma mesa livre na varanda do segundo andar. Mas não passei do primeiro. A maior parte das mesas à janela estavam ocupadas. Dirigi-me para uma muito grande, que tinha acabado de ficar livre. Mas quando ia me sentando apercebi-me da desproporção de ocupar uma mesa tão grande, envergonhei-me e atravessei todo o piso até ao extremo oposto, e fui sentar-me a uma mesa menor que só agora descobrira.

Mas o jantar foi mais tarde. Primeiro, o pequeno bar no porto. Já estava outra vez quase decidido a dar meia volta, sem saber o que fazer, porque também daí me parecia vir um concerto, dessa vez de um conjunto de sopro. Mas ainda fui a tempo de perceber que não era senão o coro de buzinas dos automóveis. A caminho do *vieux port*, já essa maravilhosa leveza e determinação no passo, que fazia do piso de pedra irregular da grande praça que eu atravessava o chão de uma estrada no campo pela qual, robusto caminhante, eu seguia. A essa hora, evitei ainda a Cannebière, porque não estava muito seguro das minhas funções reguladoras. Naquele pequeno bar do porto, o haxixe começou então a fazer sentir o seu feitiço canônico com uma força primitiva que eu até então não tinha experimentado. Fez de mim um fisionomista, ou pelo menos um observador de fisionomias, e fiz uma experiência para mim única: fiquei literalmente possesso dos rostos que tinha à minha volta e que, em parte, eram de uma assinalável brutalidade ou fealdade. Rostos que, em condições normais, teria evitado, por duas razões: porque não teria desejado ver os seus olhares pousar em mim e porque não teria suportado a sua brutalidade. Essa taberna do porto era um lugar já bastante avançado nesse território. (Acho que seria o último acessível sem correr perigo, e que eu, no êxtase, tinha avaliado com a mesma segurança com que, profundamente cansados, somos capazes de encher um copo de água até em cima e sem que uma gota transborde, como nunca o faríamos de cabeça fresca.) Ainda assim, bastante afastado da rue Boutière, mas sem que nele se visse qualquer burguês; quando muito, para além do proletariado do porto propriamente dito, algumas famílias da pequena burguesia das redondezas. Compreendi então, subitamente, como um pintor — não aconteceu isto a Rembrandt e a muitos outros? – pode ver na feiura um autêntico reservatório de beleza, melhor, um escrínio, a montanha aberta com todo o ouro de beleza que tem no seu interior, a rebrilhar em rugas, olhares, traços fisionômicos. Lembro-me em especial de um rosto de homem, imensamente animalesco e vulgar, que de repente me perturbou ao atirar-me o dardo da "ruga da renúncia". Eram sobretudo rostos masculinos os que captavam mais a minha atenção. E então começou o jogo, que durou muito tempo, no qual em cada rosto eu via um conhecido; muitas vezes até lhe sabia o nome, outras não; a ilusão desaparecia como desaparecem as ilusões nos sonhos, sem nos deixar envergonhados ou comprometidos, mas pacificados e amáveis como um ser que cumpriu a sua obrigação. Nessas circunstâncias, a solidão tinha-se desvanecido. Faria eu companhia a mim mesmo? Certamente que sim, mas não de todo sem dissimulação. Também não sei se isso me faria tão feliz. O que ocorreu foi antes o seguinte: tornei-me o meu próprio alcoviteiro, experimentado, dócil, sem vergonha, e conduzia as coisas com a segurança ambígua de quem conhece a fundo e estudou os desejos do seu cliente. Depois, tive de esperar quase uma eternidade até o empregado voltar a aparecer. Ou, antes, eu é que não tive paciência para esperar que ele aparecesse. Fui ao bar e paguei ao balcão. Não sei se nessas tabernas é costume dar gorjeta. Noutras circunstâncias, deixaria sempre qualquer coisa. Ontem, sob o efeito do haxixe, mostrei-me mais avaro; por receio de dar nas vistas por alguma extravagância, acabei por atrair ainda mais as atenções.

E o mesmo se passou no Basso. Comecei por mandar vir uma dúzia de ostras. O homem queria que eu pedisse logo o segundo prato. Escolhi qualquer coisa vulgar. Voltou depois para me dizer que não tinham mais. Comecei a procurar na lista, próximo desse prato, parecia querer pedir uma coisa após outra, depois me saltou à vista o nome do prato imediatamente anterior, até que por fim cheguei ao alto da lista. Isso não era apenas gula, era antes claramente uma delicadeza para com as comidas que não queria ofender com uma recusa. Em resumo: acabei por me decidir por um *pâté de Lyon*. Empada de leão, pensei, e ri-me, divertido, quando o vi num prato bem composto à minha frente. E depois, com desdém: é carne tenra de coelho ou de galinha – seja lá o que for. Não me parecia impróprio satisfazer a minha fome de leão com carne de leão. De resto, já tinha decidido com os meus botões que, assim que acabasse de comer no Basso (eram umas dez e meia), iria jantar noutro lugar qualquer.

Mas antes quero falar da minha ida até ao Basso. Ia caminhando ao longo do cais e lendo todos os nomes dos barcos ancorados. E apoderou-se de mim uma alegria incompreensível, que me levou a sorrir a todos os nomes da França uns atrás dos outros. Parecia-me que o amor prometido a todos esses barcos no respectivo nome era qualquer coisa de maravilhosamente belo e comovente. Passei apenas com hostilidade por um *Aero II*, que me fez recordar a guerra aérea, tal como pouco antes, no bar de onde vinha, tive de desviar o olhar para não ver certas fisionomias demasiado desfiguradas.

Lá em cima, no Basso, começaram então, ao olhar para baixo, os velhos jogos. A praça em frente ao porto era a minha paleta, na qual a fantasia misturava as caraterísticas do lugar, experimentando-as de um modo e de outro, sem compromissos, como um pintor que sonha sobre a paleta. Hesitei em prestar honras ao vinho, meia garrafa de cassis, um vinho seco. No copo boiava uma pedra de gelo. Mas o vinho ia muito bem com a minha droga. Tinha escolhido aquele lugar por causa da vidraça aberta, através da qual podia olhar para a praça escura lá em baixo. E quando, de tempos a tempos, o fazia, reparava que ela tinha a tendência de se transformar com cada pessoa que a atravessava, como se esta formasse para ela uma figura que, naturalmente, não tem nada a ver com o modo como a vê, mas antes com o modo de ver dos grandes retratistas do século XVII, que realçavam uma colunata ou uma janela de acordo com o estatuto da personagem que enquadravam. Mais tarde, anotei ao olhar para baixo: "As coisas tornam-se mais estranhas a cada século que passa".

Tenho de fazer agora uma observação de ordem geral: a solidão desse estado de êxtase tem os seus lados sombrios. Para falar apenas do lado físico: houve um momento naquela taberna do porto em que uma forte pressão no diafragma encontrou alívio num cantarolar em surdina. E não tenho dúvidas de que as coisas verdadeiramente belas e iluminadoras permanecem adormecidas. Por outro lado, a solidão atua também como um filtro. O que se escreve no dia seguinte é mais do que uma enumeração de impressões; durante a noite, o êxtase demarca-se do quotidiano pelos seus belos contornos prismáticos, forma uma espécie de figura e é mais facilmente rememorável. Diria que se contrai e assume a forma de uma flor.

Para nos aproximarmos dos mistérios da felicidade no êxtase teríamos de refletir sobre o fio de Ariadne. Que prazer no simples ato de desenrolar um novelo! Um prazer que tem afinidades profundas, quer com o do êxtase, quer com o da criação. Avançamos, mas, ao avançar, não só descobrimos os meandros da caverna em que nos aventuramos, como também desfrutamos dessa felicidade do descobridor apenas através daquela outra que consiste em desenrolar um novelo. Essa certeza que nos é dada pelo novelo engenhosamente enrolado que nós desenrolamos – não será essa a felicidade de toda produtividade, pelo menos daquela que tem forma de prosa? E no haxixe somos seres de prosa e de prazer da mais alta potência.

É mais difícil aceder a uma sensação muito funda de felicidade como aquela que se manifestou mais tarde numa praça lateral da Cannebière, onde a rue Paradis desemboca num parque. Felizmente descubro, no jornal que tinha comigo, a frase: "É preciso tirar com uma colher o que é idêntico na realidade". Algumas semanas antes tinha anotado uma outra, de Johannes V. Jensen,[1] que parecia querer dizer o mesmo: "Richard era um homem novo, sensível a tudo o que havia de idêntico no mundo". Essa frase tinha-me agradado muito. Agora, ela permite-me confrontar o sentido político-racional que teve para mim com o sentido individual-mágico da minha experiência de ontem. Enquanto a frase de Jensen para mim queria dizer que as coisas estão como sabemos, completamente tecnicizadas, racionalizadas, e que o especial se encontra hoje apenas em pequenos matizes, a segunda perspectiva foi totalmente diferente. De fato, eu só via matizes: mas estes eram idênticos. Concentrei-me no pavimento à minha frente, que, devido a uma espécie de pomada que eu lhe passava por cima, podia ser esse mesmo e também um pavimento de Paris. É conhecido o ditado que fala de transformar pedras em pão.[2] Essas pedras aqui eram o pão da minha fantasia, subitamente ávida de provar o que é idêntico em todos os lugares e países. E contudo, foi com grande orgulho que me lembrei de que estava aqui em Marselha sob o efeito do haxixe. Quantos partilhariam aqui do meu êxtase desta noite?

---

[1] Johannes Jensen é o autor de um volume de *Exotische Novellen* [Novelas exóticas], publicado em Berlim em 1919.

[2] O ditado alemão *Steine statt Brot geben* [Dar pedras em vez de pão], de raiz bíblica, significa oferecer a alguém, a pretexto de ajudá-lo, qualquer coisa que não lhe servirá de nada.

Poucos, decerto. E de que não seria capaz de temer a infelicidade e a solidão futuras, porque havia o haxixe. Nesse estágio da experiência pareceu-me importante a música que se ouvia, vinda de um local noturno ao lado, e a que eu dera atenção. G. passou por mim num fiacre. Foi uma aparição fugaz, como a anterior, quando de repente U. saiu da sombra dos barcos na figura de vadio e alcoviteiro. Mas não havia apenas pessoas conhecidas. Nesse estágio de mais profunda concentração passaram por mim duas figuras – burgueses, vagabundos, sei lá! – que eram "Dante e Petrarca". "Todos os homens são irmãos." E assim começou uma cadeia de pensamentos que já não consigo reconstituir. Mas o seu último elo era com certeza muito menos banal que o primeiro e talvez levasse a imagens de animais.

Num bonde que parou por pouco tempo na praça onde me encontrava, a bandeira dizia "Barnabé". E a mim pareceu-me que a história triste e desolada de São Barnabé não seria mau destino para um bonde que ia para os subúrbios de Marselha. Gostei muito de ver o que se passava à porta do *dancing*. De vez em quando saía um chinês de calças de seda azuis e casaco de seda cor-de-rosa brilhante. Era o porteiro. Podiam ver-se moças pela abertura da porta. Eu não sentia qualquer desejo. Foi divertido ver chegar um rapaz novo com uma moça de vestido branco e logo pensar: "Ela fugiu dele lá de dentro de camisola, e agora ele vem buscá-la. E por que não?". Lisonjeava-me a ideia de estar aqui no centro de toda a libertinagem; e ao dizer "aqui" não me refiro à cidade, mas a esse pequeno recanto, não muito rico em acontecimentos, onde me encontrava. Mas os acontecimentos davam-se de tal modo que a aparição me tocava com uma varinha mágica e eu mergulhava num sonho sobre ela. Pessoas e coisas comportam-se nessas horas como os objetos e as figuras feitos de medula de sabugueiro e colocados em caixas de folha de estanho vitrificadas, que, pela fricção do vidro, ficam eletrificados e a cada movimento são forçados a entrar nas mais extraordinárias relações uns com os outros.

A música que, entretanto, se ouvia repetidas vezes para depois diminuir de intensidade, era qualquer coisa a que eu chamava as chibatas de palha do jazz. Esqueci-me da razão que me levou a tomar a liberdade de acompanhar o seu ritmo com os pés. Isso vai contra a minha educação, e não aconteceu sem conflito interior. Tempos houve em que a intensidade das impressões acústicas se sobrepunha a todo o resto. Em particular no pequeno bar do porto tudo foi subitamente submergido pelo ruído das vozes, não da rua. O mais estranho é que todo esse ruído de vozes soava a dialeto. De um momento para o outro, por assim dizer, eu achava que os marselheses falavam todos um francês que deixava a desejar. Tinham ficado no nível do dialeto. O fenômeno de estranhamento que pode ser inerente a isso – e que Kraus expressou na fórmula feliz "Quanto mais de perto olhamos para uma palavra, tanto mais de longe ela nos devolve o olhar"[3] – parece estender-se ao plano ótico. De qualquer modo, entre as minhas anotações encontro a frase surpreendente: "Como as coisas resistem aos olhares!".

O ruído diminuiu quando atravessei a Cannebière e por fim entrei num pequeno café do Cours Belsunce para tomar ainda um sorvete. Não era muito longe daquele outro café dessa noite onde me convenci de que o haxixe fazia os seus efeitos, ao sentir o súbito prazer amoroso de observar umas franjas a ondular ao vento. E ao lembrar-me desse estado de espírito sou levado a acreditar que o haxixe sabe convencer a natureza a nos conceder, de forma menos egoísta, aquele esbanjamento da nossa própria existência que o amor conhece. Quando, nos momentos em que amamos, a nossa existência passa por entre os dedos da natureza como moedas de ouro que ela não consegue segurar e deixa correr para pagar o preço do novo ser que nasce, assim também ela agora nos lança à vida de mãos cheias, sem poder aspirar a nada em troca.

Protocolos de experiências com drogas

Principais momentos das primeiras impressões do haxixe

Escrito em 18 de dezembro [1927], às 3 e meia da madrugada

1) Espíritos a pairar (como que estilizados) atrás do ombro direito. Sensação de frescura nesse ombro. Neste contexto: "Tenho a sensação de que há mais quatro na sala, além de mim". (Contorna-se a necessidade de contar consigo próprio.)

2) Comentário da história de Potemkin[4] por meio da explicação: sugestão é mostrar a alguém a máscara (do próprio rosto, *id est* daquele que mostra).

---

[3] A frase aparece na coletânea de aforismos do austríaco Karl Kraus *Pro Domo et Mundo*, de 1912.

[4] *A história de Potemkin*: contada por Benjamin no início do grande ensaio sobre Kafka ("Franz Kafka. No décimo aniversário da sua morte", a incluir em próximo

3) Comentário enredado sobre a máscara de éter, que (obviamente) tem também boca, nariz, etc.

4) As duas coordenadas que atravessam a casa: porão–sótão / horizontal. Grande expansão horizontal da casa. Perspectiva de quartos de onde vem a música. Mas talvez também terror do corredor.

5) Benevolência ilimitada. Fracasso dos complexos de angústia neuróticos compulsivos. Abre-se a esfera do "caráter". Todos os presentes ficam irisados e cômicos. Ao mesmo tempo penetra-nos a sua aura.

6) O cômico não se vai buscar apenas às caras, mas também a ações. Busca-se um pretexto para rir. Talvez seja por isso que muito do que vemos se apresenta como "arranjado", como "experiência": para que possamos rir disso.

7) Evidência poética no plano da sonoridade: num dado momento eu afirmo que, na resposta a uma pergunta, acabei de usar a expressão "muito tempo" apenas (por assim dizer) através da percepção de um período de muito tempo na sonoridade das duas palavras. Para mim, isso é evidência poética.

8) Conexão; distinção. Ao sorrir, sentimos crescer em nós pequenas asas. Sorrir e esvoaçar têm afinidades. Temos a sensação de ser uma coisa distinta, entre outras razões pelo fato de imaginarmos que não nos deixamos ir até o fundo em nada: que, por mais fundo que desçamos, nos movemos sempre numa soleira. Uma espécie de dança da razão em pontas.

9) Damos por que falamos com frases muito longas. Também isto tem a ver com expansão horizontal e (certamente) com o riso. O fenômeno da passagem é também a longa extensão horizontal, talvez combinada com a fuga para a perspectiva longínqua, fugidia, minúscula. Nesta miniaturização poderá estar o elemento de ligação entre a ideia da passagem e o riso (cf. livro sobre o drama do barroco: o poder de redução da reflexão[5]).

10) Surge muito levemente, num momento de introspecção, qualquer coisa como a vontade de estilização [xxx] de nós próprios, do nosso corpo.

---

volume desta série), e também no conto com o título "A assinatura", incluído em *Histórias e contos, op. cit.*, p. 84-86.

[5] A ideia surge na segunda parte de *Origem do drama trágico alemão* (Drama trágico e tragédia), na seção "Jogo e reflexão" (Autêntica, 2. ed., 2013, p. 77 e segs.).

11) Resistência a dar explicações. Rudimentos de um estado de ausência de ligação com o mundo. Sensibilidade muito apurada, reagindo a portas abertas, conversas em voz alta, música.

12) A sensação de entender muito melhor Poe nesta situação. Parece que se abrem os portões que dão entrada para um mundo do grotesco. Eu é que não queria entrar.

13) O cano do fogão transforma-se em gato. Ao ouvir a palavra "gengibre", em vez da escrivaninha vejo uma barraca de fruta, na qual, logo a seguir, reconheço a escrivaninha. Lembrei-me d'*As mil e uma noites*.

14) Indolência, resistência a seguir os pensamentos dos outros.

15) Não temos uma noção tão clara do lugar que ocupamos na sala. De repente – a mim aconteceu isso – parece-nos que a sala está cheia de gente.

16) As pessoas com quem nos relacionamos (em especial Joël e Fränkel) têm muito a tendência de se transformarem um pouco, não quero dizer tornar-se estranhos, nem continuar a parecer familiares, mas qualquer coisa como parecer semelhantes a estranhos.

17) Pareceu-me que não tinha vontade nenhuma de conversar sobre coisas práticas, o futuro, fatos, política. Estamos apegados à esfera intelectual como por vezes alguns obcecados ao sexo, somos absorvidos por ela.

18) Mais tarde, com [Franz] Hessel no café, pequena despedida do mundo dos espíritos. Acenos.

19) Desconfiança da comida. Caso muito particular e acentuado daquela sensação que temos em relação a muitas coisas: "Tu não podes levar a sério esse aspecto que tens!".

20) A escrivaninha de F[ränkel], H[essel]? transforma-se, no momento em que ele fala de "gengibre", numa barraca com fruta.

21) Associo o riso às enormes oscilações de opinião. Mais precisamente, isso tem a ver, entre outras coisas, com a grande indiferença que se instala. Para além disso, esta insegurança, que provavelmente vai até ao nível da afetação, é de certo modo uma projeção exterior da sensação de formigamento interior.

22) É surpreendente que certos motivos de timidez que se explicam pela superstição, etc., e geralmente não são facilmente verbalizados, agora se manifestem de forma livre e quase impulsiva, sem grande resistência.

Numa elegia de Schiller lê-se: "As asas céticas da borboleta".[6] Tem a ver com a relação entre a sensação de ser alado e a impressão de dúvida.

23) Seguimos os mesmos caminhos do pensamento que seguíamos antes. Mas agora eles estão juncados de rosas.

Principais momentos das segundas impressões do haxixe

Escrito em 15 de janeiro de 1928, às 3 e meia da tarde

A recordação é menos rica, apesar de a concentração ser menor do que da última vez. Para ser exato, eu estava menos concentrado, mas mais profundamente dentro da experiência.

O que ficou na recordação foram também as partes mais opacas, estranhas e exóticas do transe do que as mais transparentes.

Lembro-me de uma fase satânica. O vermelho das paredes foi determinante. O meu sorriso assumiu traços satânicos, ainda que mais a expressão de um saber satânico, de uma satisfação satânica, de uma calma satânica, do que de um efeito satânico e destruidor. Intensificou-se a integração dos presentes no espaço; a sala tornou-se mais aveludada, inflamada, escura. Eu deixei cair o nome de Delacroix.

A segunda impressão mais forte foi o jogo com a sala ao lado. Começa-se, aliás, a jogar com os espaços. Geram-se tentações do sentido de orientação. Mas aquilo que, no estado de vigília, apenas conhecemos da deslocação muito desagradável que provocamos deliberadamente quando, de noite, num trem, viajando na posição de costas, imaginamos que viajamos na posição de frente e vice-versa, essa experiência, transposta do movimento para o estaticismo, acontece aqui como tentação.

O espaço veste-se diante de nós, põe, como um ser que nos atrai, as roupas da atmosfera dominante. Passo pela experiência de imaginar que na sala ao lado poderia estar acontecendo a coroação de Carlos Magno, o assassinato de Henrique IV, a assinatura do tratado de Verdun e o assassinato de Egmont. As coisas são apenas manequins, e

---

[6] A citação da elegia de Schiller aparece no contexto das seguintes linhas: *Um mich summt die geschäftige Bien, mit zweifelndem Flügel / Wiegt der Schmetterling sich über dem rötlichen Klee* ("À minha volta zumbe a diligente abelha, com asas céticas / Dança a borboleta sobre o trevo avermelhado"). Cf. Schiller, *Sämtliche Werke* [Obras Completas], ed. de Fricke/Göpfert, v. I, Munique, 1965, p. 229.

mesmo os grandes momentos da história universal são apenas disfarces sob os quais trocam olhares de conivência com o nada, o que há de mais baixo e banal. Respondem às piscadelas de olho ambíguas que nos chegam do nirvana.

A "satisfação satânica" de que se falou consiste então em não se deixar envolver nessa conivência. É também esta a raiz da dependência que leva a aprofundar sem limites a cumplicidade com o não-ser, aumentando a dose.

Talvez não seja autoilusão dizer que neste estado se ganha uma aversão contra o espaço aberto, "urânico", que quase transforma em tortura a ideia do "lá fora". Não se trata mais, como na experiência anterior, da permanência amável e sociável na sala por gosto da situação tal como ela é, mas de uma sensação de estar entretecido, enredado, em uma teia de aranha da qual pende o acontecer do mundo, disperso, como corpos de insetos esvaziados. E não queremos separar-nos desta caverna, na qual se formam também os rudimentos de um comportamento hostil contra os presentes, medo de que nos queiram perturbar e arrancar de lá.

Mas também este transe, apesar do seu fundamento depressivo, tem o seu desfecho catártico; se não exatamente o feliz da última experiência, pelo menos um fim engenhoso e não desprovido de encanto. Mas o fato de esse existir à medida que o efeito do haxixe vai enfraquecendo, tornando mais evidente a vertente depressiva, poderia eventualmente significar que afinal o reforço da dose também tem influência no caráter depressivo.

Dupla estrutura dessa depressão: por um lado, medo, por outro, uma indecisão quanto a uma questão prática a ele ligada. Dominei essa indecisão: consegui subitamente detectar um momento muito escondido de uma tentação compulsiva, tendo assim a possibilidade de me entregar um pouco a ela com a intenção de liquidá-la.

A fome na posição de eixo oblíquo do sistema do transe.

A grande esperança, ou desejo, ou nostalgia de, na experiência do transe, chegar perto de algo de novo e intocado: desta vez não se alcança esse estado pela sensação de ter asas e esvoaçar, mas pela descida de um monte com o corpo cansado, absorto, descontraído, sem pressas, indolente. Durante essa descida do monte, achamos ainda que há alguma amabilidade, alguns atrativos, que levamos conosco amigos com um sorriso de perfil obscuro, meio Lúcifer, meio *Hermes traducens*, mas já não o espírito e o ser humano da última vez.

Neste transe há menos o ser humano, e mais o *daimon* e o *pathos*.

Acentua-se a desagradável simultaneidade da necessidade de estar só e da de querer ficar com os outros – uma sensação que aparece na fase de maior cansaço e a que se devia ceder. Sentimos que só em solidão e numa calma absoluta podemos corresponder a esse aceno ambíguo que vem do nirvana, e apesar disso precisamos da presença dos outros, como figuras em relevo que se deslocam levemente no pedestal do nosso próprio trono.

A esperança como uma almofada que pomos debaixo de nós e que só agora produz o seu efeito.

A primeira experiência deu-me a conhecer o lado esvoaçante da dúvida; a segunda estava em mim próprio, como indiferença criadora. Mas a segunda fez as coisas aparecerem a uma luz cética.

Operação aos dentes. Estranho deslocamento da memória. Ainda agora não consigo me libertar da ideia de que o lugar da intervenção era no maxilar esquerdo.

Ainda ao regressar a casa, quando a corrente da porta do banheiro não quer fechar, a suspeita: isto faz parte do método da experiência.

Ouve-se a *tuba mirans sonans*, mas é em vão que empurramos a pedra tumular.

Sabe-se que, se fecharmos os olhos e pressionarmos levemente as pálpebras se geram figuras ornamentais sob cuja forma não temos qualquer influência. As arquiteturas e constelações espaciais que vemos sob o efeito do haxixe têm, na sua origem, semelhanças com isso. Quando e em que forma elas surgem não depende da nossa vontade, porque elas aparecem repentinamente e sem se anunciarem. Depois, quando já as vemos, intervém a fantasia lúdica consciente, que toma com elas algumas liberdades.

Pode dizer-se, em termos gerais, que a sensação do "lá fora", do "fora de nós", se associa a um certo mal-estar. Mas temos de distinguir bem desse "lá fora" o espaço da visão, por mais alargado que ele seja; no transe do haxixe, esse espaço relaciona-se com o "lá fora" como o palco com a rua fria para o espectador do teatro. Mas de vez em quando parece interpor-se entre nós e esse espaço da visão – para continuar a usar imagens próximas – qualquer coisa como um proscênio pelo qual passa um ar completamente diferente, o que vem de fora.

A proximidade da morte surgiu-me ontem na formulação: a morte está entre mim e o meu transe.

A imagem da ligação automática: há determinadas coisas do espírito que começam a "falar espontaneamente", como, por exemplo, as dores de dentes fortes, etc. Todas as sensações, sobretudo as de natureza mais espiritual, têm um declive acentuado, e arrastam consigo as palavras no seu leito.

Aquele "aceno ambíguo que vem do nirvana" ganhou a sua expressão mais visível em Odilon Redon.

O primeiro dano grave que surge é o da incapacidade de organizar dimensões de tempo maiores. Se aprofundarmos esse aspecto, constatamos algo de estranho no fato de podermos organizar uma noite ou noites, isto é, os sonhos normais. Mas é muito difícil ter o controle dos sonhos (ou do transe) na experiência do haxixe.

Bloch quis tocar de leve no meu joelho. Eu sinto o toque muito antes de ele me tocar, e sinto que é uma violação muito desagradável da minha aura. Para se entender isso é preciso levar em conta que todos os movimentos agora parecem ter mais intensidade e intencionalidade, e são sentidos como coisa desagradável em si mesmos.

Efeitos: talvez um certo enfraquecimento da vontade. Mas a sensação de libertação alada sobrepõe-se à medida que o efeito vai diminuindo. Terá a ver com o haxixe (apesar das frequentes depressões) uma tendência ascensional da escrita, que sinto nos últimos tempos e não conhecia antes? Outro efeito: ao regressar a casa ponho a corrente na porta, e como sinto alguma dificuldade nisso, o meu primeiro pensamento (imediatamente corrigido) é: isto faz parte do método da experiência?

Apesar de a primeira experiência ter sido moralmente superior à segunda, o clímax da intensidade potenciou-se. Isso deve entender-se mais ou menos assim: a primeira experiência libertou-me e fez sair as coisas do seu mundo habitual, a segunda colocou-as ao fim de pouco tempo num mundo novo – muito inferior a este reino intermédio.

Sobre os constantes devaneios no haxixe. Primeiro, a incapacidade de ouvir os outros. Por mais que ela pareça entrar em desencontro com a benevolência sem limites em relação aos outros, de fato está intimamente ligada a ela. Mal o parceiro abriu a boca, e já nos desapontou enormemente. O que diz fica infinitamente aquém daquilo que lhe teríamos concedido e em que teríamos acreditado com imensa alegria se ele tivesse ficado calado. Ele causa-nos um doloroso desapontamento porque nos desvia do mais importante objeto de toda a atenção: nós próprios.

Mas no que se refere aos nossos próprios desvios, aos saltos em relação ao tema de conversa, a sensação que corresponde à interrupção física do contato é mais ou menos a seguinte: aquilo de que pretendemos falar imediatamente liberta-nos imensamente; o que paira como intenção leva-nos a estender os braços num gesto de amor. Mas, mal lhe tocamos, desilude-nos totalmente: o objeto da nossa atenção murcha subitamente, mal a linguagem lhe toca. Envelhece muitos anos, o nosso amor esgotou-o completamente num único instante. E descansa, até nos parecer suficientemente atraente para nos levar de novo até si.

Para voltar ao fenômeno do espaço em paralelo com o *kitsch*: apreende-se em simultâneo a possibilidade de todas as coisas potencialmente acontecidas nesse espaço. O espaço pisca-nos o olho: Ora diz lá, o que é que terá acontecido em mim? Relação desse fenômeno com a arte *kitsch*. *Kitsch* e legenda. As coisas poderiam passar-se assim: imaginemos uma pintura *kitsch* na parede e, na parte de baixo da moldura, uma faixa comprida. Por essa faixa passaria uma fita e nela apareceriam legendas que iam se sucedendo umas às outras: "Assassinato de Egmont", "Coroação de Carlos Magno", etc.

Nesta experiência, vi muitas vezes caramanchões com janelas de ogiva, e uma vez disse: vejo Veneza, mas parece a parte de cima da Kurfürstenstraße.

"Sinto-me fraco" e "sei que estou fraco" – as duas frases traduzem intenções diametralmente opostas. Talvez só a primeira se traduza propriamente em expressão de alguma coisa. Mas na experiência do haxixe quase se pode falar de um domínio exclusivo da segunda, e talvez isso explique por que razão a expressão do semblante fica mais pobre, apesar de haver uma "vida interior" mais intensa. É preciso aprofundar a diferença entre essas duas intenções.

E ainda: deslocamento funcional. A expressão foi-me fornecida por Joël. A experiência que me levou a pensar nisso: na fase satânica puseram-me na mão um livro de Kafka, *Betrachtung* [Reflexão]. Li o título. Mas depois esse livro transformou-se logo para mim naquilo em que um livro na mão de um poeta se transforma para um escultor acadêmico que tenha de fazer uma estátua desse poeta. Foi imediatamente incorporado por mim na construção plástica da minha pessoa, ficando assim dominado por mim de forma mais brutal e absoluta do que teria feito a mais destrutiva crítica.

Mas havia ainda outra coisa: era como se eu fugisse do espírito de Kafka e agora, no momento em que ele me tocava, me transformasse em figura de pedra, tal como Dafne se transforma em hera quando Apolo a toca.

Relação da intenção-*kitsch* com as mais profundamente teológicas. Aquelas espelham estas de forma turva, transportam para o espaço da contemplação aquilo que só tem validade no espaço da vida ativa. Concretamente: o mundo seria sempre o mesmo (todos os acontecimentos poderiam ter-se dado no mesmo espaço). Apesar de tudo, no plano teórico isso é uma verdade gasta e murcha (apesar da clarividência arguta que nela se esconde); mas confirma-se em absoluto na existência do devoto, a quem servimos aqui, no espaço da fantasia, em nome de tudo *o que foi* e para o *bem* de todas as coisas. De tal modo o teológico penetrou aqui no reino do *kitsch*. Pode mesmo dizer-se: as mais profundas verdades, longe de emergirem do que há de mais obscuro e animalesco no homem, possuem a tremenda força de serem capazes de se adaptar ao que há de mais obscuro e de mais baixo, de se refletirem à sua maneira até mesmo no mais irresponsável dos sonhadores.

[...]

Do protocolo de Bloch sobre a experiência de [14 de janeiro de 1928]

A ordem das anotações é livre.

A experiência de hoje relaciona-se com a anterior como Calvino com Shakespeare. É um transe calvinista.

Agora estou num estado de nostalgia indolente, de nostalgia que se afunda. É sempre apenas qualquer coisa como um aceno ambíguo que vem do nirvana. Emergem, com contornos vagos, alegrias da paz, mundos idílicos. É tudo o que restou de Ariel. É a mais exata medida da relação entre os dois transes.

Quando até eu, que me sinto preso à terra, me sinto mal (deprimido), sinto esse aceno, há que ver qual é a sua força. Sim, é a do sorriso. O sorriso é a imagem velada de Saïs.

Agora é como se alguma coisa me levasse pela mão. Até a fenda procurada no rochedo. Mas isso não vai dar mais que um encontro à chuva com os espíritos. Uma Veneza à chuva, como a Kurfürstenstraße. Mas dá-me também o prazer desta atmosfera carregada de chuva, olho da janela, com o cachimbo, para mim próprio, vejo como fico ali à espera, em vão. – Falo propositadamente com muitos floreados. Eles devem estar desconfiados.

É como se nos indicassem as palavras foneticamente. Aqui há ligação automática. Há coisas que tomam a palavra sem pedir autorização para isso. E isso vai até às mais altas esferas. Há uma senha silenciosa, com a qual certas coisas agora atravessam o portão.

Novamente uma sensação forte de estar em alto mar. As fases = viagem por mar. Vida no camarote. (Bloch pergunta: Como assim?) Mas é mais que óbvio, é o mundo visto através do vidro. Forma-se agora um redemoinho. Tudo se liga sobre um fundo negro, como em gravuras de má qualidade. O haxixe faz de todo o espaço uma tessitura.

Interrupção. O livro de Kafka, *Reflexão*, serve a Bloch de base para escrever sobre ele. Eu: Essa é a almofada certa. Bloch: Não há outra mais distinta. Eu: Nem mais orientada.

Escada no estúdio. Uma construção só habitável por figuras de cera. Com isso posso fazer tanta coisa com plasticidade que o Piscator bem pode esquecer que existe! Tenho a possibilidade de mudar toda a iluminação apenas com umas alavancazinhas minúsculas. Posso transformar a casa de Goethe na Ópera de Londres. Posso ler ali toda a história universal. Vejo no espaço a razão por que coleciono quadros *kitsch*. Posso ver tudo no espaço, os filhos de Ricardo III e o que você pretende.

Nisto, as coisas acompanham a minha depressão = desvalorização da sua matéria. Tornam-se manequins. Bonecos de vestir não vestidos; esperando pelos meus planos, ficam ali parados nus, tudo neles se torna didático como nos simulacros usados no ensino da medicina. Não, é isto: estão ali despidos de aura. O meu sorriso coloca todas as coisas sob um vidro.

Forma-se um caminho coberto de neve que entra pelo transe; este caminho é a morte.

Para Fränkel, que vem descendo a escada: O senhor transformou-se numa mulher. Fica sempre com membranas entre os pés, como uma saia.

Quando me obrigam a comer: Não, não quero nada. Podem dar as voltas que quiserem, que eu não como.

Conclusão: saio do meu castelo em Parma numa tarde de maio. Ando tão leve, tão suavemente, o chão é de seda.

Quando Fränkel estava escrevendo qualquer coisa: Ah, agora volto ao parque do castelo, onde cada passo que dou é anotado.

Ainda para Fränkel: Agora vem o castigo por ter saído – regressou completamente transformado.

Agora bato constantemente no teto, que é muito fino. É um impulso para ficar desperto.

Caio novamente pela escada abaixo, divertido. As coisas começam a clarear.

Agora, felizmente, não me falta nada, a não ser aquilo que as criadas compram por 25 *Pfennig* num livro de sonhos egípcio.

A morte como zona à volta do transe.

Estado de apatia interior.

Agora não estou na fase africana, mas na celta. Cada vez mais claridade.

Quando me pedem para dizer o que fiz antes: "Agora sou o professor aprendiz".

Qualquer coisa "passa por água o estado depressivo". (O contraste com ultrapassar: passar por água.)

Por isso se pode ver o que, felizmente, nos falta. É a evidência triste. Sim, é muito cómico. A morte tem um caráter imperativo muito diferente da última vez.

Vapores sobem da terra. Fase intermédia. Começa a clarear no transe.

Ctônico. Vi como descíamos uma escada e como, de certo modo, estávamos sentados debaixo da terra.

Protocolo da experiência de 11 de maio de 1928

Sujeito da experiência: Joël.[7]

Joël tomou às... horas... g. de *cannabis ind[icae]*.

J[oël] aparece por volta das dez e meia em casa de Benjamin. Antes, depois de ter tomado haxixe, dirigiu uma reunião na casa de saúde, e falou sem problemas durante a discussão. Quando, pelas 11 horas, ainda não se faziam sentir efeitos visíveis, já não esperava grandes resultados. Ele próprio acha que mudou, o observador não. A conversa parte de trabalhos de B[enjamin] e chega naturalmente a questões de documentos eróticos e de patologia sexual (a coleção do médico Magnus Hirschfeld). B[enjamin] coloca à frente do sujeito da experiência um álbum com imagens livres. Efeito: zero. A conversa fica-se por um plano puramente científico.

Por contraste, curiosas antecipações, por assim dizer miméticas, de B[enjamin], que, de forma evidente e repetida, e contrariamente a J[oël], perde o fio da conversa, quer dar trela a J[oël], que meteu uma bolacha na boca.

Depois das 11 horas, telefonema para Fränkel, que promete vir. Esta conversa parece ser, para o observador, o fator que verdadeiramente desencadeará o transe do h[axixe]. Ao telefone, o primeiro acesso (moderado) de riso. Depois da conversa, forte efeito do espaço, nomeadamente: o telefone não se encontra no quarto de B[enjamin], mas na casa ao lado; para se chegar lá, é preciso passar por uma terceira sala. J[oël] prefere ficar na sala de onde telefonou, mas está muito

---

[7] Mas a redação do protocolo é de Benjamin.

inseguro, não ousa encostar-se a uma almofada no canto do sofá, senta-se no meio.

Já antes, ao passarem pela sala do meio, o dom de observação cresceu (em relação ao habitual de B[enjamin], o único termo de comparação). Esta sala de passagem tem as paredes cheias de quadros com exemplos de caligrafias. J[oël] descobre logo um quadro que deixa claro que se trata de uma coleção sobre a história da escrita. B[enjamin] nunca tinha dado por esse quadro. Mais notório ainda, no caminho de volta por esta sala: há um balão de cor violeta preso às costas de uma cadeira. B[enjamin] nem o vê. Joël assusta-se. A fonte de luz que está à frente do balão é vista por J[oël] no seu interior (candeeiro violeta, que ele designa de "aparelho").

No quarto de Benjamin, com a passagem para um novo ambiente, total desorientação do sentido do tempo. Os 10 minutos que decorreram desde a conversa telefônica parecem-lhe meia hora. O período seguinte marcado pela espera impaciente por Fränkel. As fases são exteriormente sensíveis nos repetidos momentos de respiração profunda. Discussão sobre as formulações de J[oël]: "Enganei-me no cálculo do tempo". Outras formulações: "O meu relógio está andando ao contrário". "Quero ficar entre as janelas duplas." "Já era altura de aparecer Fränkel." À janela, Joël vê dois ciclistas: "Não acho que ele venha de bicicleta. E logo dois!".

Segue-se uma fase de profunda concentração, da qual só poderei anotar alguns fragmentos. Divagação sobre a palavra "colega". Reflexão etimológica. Fato a que Benjamin dá muita importância, porque nesse mesmo dia, oito horas antes, tinha refletido sobre a etimologia dessa palavra. Procura comunicar isso a J[oël]. Este rejeita asperamente: "Não suporto estas conversas mediúnicas entre intelectuais".

Outras formulações, cujo contexto não posso reconstituir: "Acha que devo fazer um discurso maltusiano sobre isso?". "Isso qualquer mãe com cinco filhos pode dizer." (Isso pode dizer-se a qualquer mãe com cinco filhos?). "Oponência." "Alimentência." Divagação sobre "homens selvagens." "Simetria dos vilões." (Talvez relação com cabeçalhos como os do jornal *Vossische Zeitung*?[8]) Nova divagação sobre "uma mistura de Kaiser e Kautsky" (referia-se a B[enjamin]).

---

[8] O *Vossische Zeitung* era um jornal de Berlim que tinha no cabeçalho as armas da Prússia, enquadradas por dois porta-estandartes meio nus e musculosos, em posição simétrica.

O cabeçalho do *Vossische Zeitung*

"Sempre uma casa com umas linhas, e nelas formas como de castiçais (suspiro profundo). Forma de castiçal lembra-me logo qualquer coisa de sexual. O sexual é de praxe." Nesse contexto, a palavra "secretório". Quando confirmo uma frase dele, isso o faz elevar-se, nas suas palavras, a uma fase mais luminosa. "Acabei de subir com o elevador." Outras reflexões: "Só sei de coisas formais... e nem isso sei mais". Ou: "Quando disse isso, era a igreja". Ou: "Acabo de ver uma coisa... Meu Deus, são materializações inferiores". Ou: "Vê-se a pepita de ouro, mas não se pode levantá-la". Comenta com mais pormenor que levantar e ver são duas ações totalmente diferentes. Considera isso uma descoberta.

B[enjamin] constata em determinado momento, e isso o anima, que não há perda de contato entre J[oël] e ele. J[oël] reage de forma extremamente agressiva: que isso era uma *contradictio in adjecto*. Depois, ecolalias (da percepção sensorial?): "Contato, ato, pelo tato, com tato em Espanha". Essa divagação vem de um estágio anterior da experiência.

Outras divagações: reação à palavra "paralelas", deixada cair por B[enjamin]. "Linhas paralelas encontram-se no infinito – isso se vê logo." Mas depois, dúvidas vivas sobre se elas se encontram ou não.

Fragmento: "...Por meio desta coisa, que deviam ser passos, ou foram, sei lá". Outras oscilações: "Não acredito nada nisso, que esteja a fazer piadas nesta experiência; está inseguro demais para isso".

Passado algum tempo retiro-me para perto de F[ränkel], no sofá ao fundo da sala. J[oël] gosta muito dessa disposição. F[ränkel] não se sente bem, levanta-se, eu acompanho-o para fora da sala. Fica muito tempo sem voltar. Durante a sua ausência: primeiro, J[oël] pensou que estávamos combinando lá fora a ordem da experiência. Depois achou que não. Ouve um tinir. Associa com isso o acender de um castiçal. Julga ver como eu acompanho Fränkel ao banheiro com um castiçal. Depois, observações já bastante objetivas sobre isso. Progressivo clarear da percepção.

Sobre a fase mais profunda haveria ainda a anotar, por exemplo: um canto da minha escrivaninha é para J[oël] a base de uma armada, uma mina de carvão, um lugar entre Wittenberg e Jüteborg. "Mas tudo nos tempos do Waldersee." E logo depois uma estranha e bela divagação poética sobre um tempo de escola que nunca viveu, em Myslowitz. À tarde, na escola, aqui fora, nos campos, o sol, etc.

Da fase de espera por Fränkel: "Agora, apetecia-me sentar-me no parapeito da janela". Depois, longa divagação sobre a palavra "ameaçar". "Fränkel ameaça vir." O próprio J[oël] chama a atenção para um outro infantilismo. Numa dada altura – não importa qual – tem a sensação de que F[ränkel] não cumpriu uma promessa que lhe fizera. E tinha-lhe "estendido a mão (como costumam fazer os rapazes)".

Fim da experiência cerca das 3 horas.

[...]

Haxixe, princípio de março de 1930

Decurso da experiência dividido, ambivalente. Lado positivo: a presença de Gert [Wissing],[9] que, devido à experiência aparentemente grande que tinha dessas experiências (embora não com haxixe), se tornou uma força de sustentação dos efeitos da droga. Como, adiante se verá. Por outro lado, o aspecto negativo: fraco efeito nela e em Egon [Wissing], talvez devido à má qualidade do preparado, diferente do que tomei. E como se isso não bastasse, o quarto acanhado de Egon não chegava para a minha fantasia, era um alimento tão mau para os meus sonhos que, pela primeira vez, fiquei de olhos fechados quase todo o tempo. Isso levou a experiências completamente novas para mim. Se o contato com Egon era nulo, se não mesmo negativo, já a relação com Gert assumiu uma coloração demasiado sensual para permitir um resultado mais filtrado, intelectual, da experiência.

Por informações posteriores de Gert, deduzo que o transe, apesar de tudo, foi tão profundo que não retive as palavras e imagens de certas fases. Como, para além disso, o contato com os outros é fundamental para quem toma a droga, se quiser chegar a formular pensamentos e frases articulados, poderá entender-se pelo que se disse que desta vez a tomada

---

[9] *Gert[rud] Wissing*: mulher de Egon Wissing, médico e primo de Benjamin, que emigrou para os Estados Unidos e trabalhou como radiologista num hospital de Boston. Gertrud morreu em Paris em 1933.

de consciência de modo nenhum correspondeu à intensidade do transe e, se quisermos, do prazer. Mais uma razão para destacar aqui aquilo que, quer nas informações de Gert, quer na minha recordação, constituiu o cerne desta experiência. Trata-se de considerações que fiz sobre a essência da aura. Tudo o que eu disse entrava vivamente em polêmica com os teósofos, cuja inexperiência e ignorância eu achava chocante. Apresentei – certamente sem grande esquematização – a autêntica aura a partir de três pontos de vista, em oposição às ideias convencionais e banais dos teósofos. Primeiro, a autêntica aura manifesta-se em todas as coisas, e não apenas em algumas, como em geral se pensa. Segundo, a aura transforma-se totalmente com cada movimento do objeto dessa aura. Terceiro, a aura de modo nenhum é aquele feixe mágico e impecável de luz espiritual que aparece nas imagens e descrições da literatura mística vulgar. Pelo contrário, o que caracteriza a aura é o ornamento, um envolvimento ornamental no qual a coisa ou o ser estão mergulhados como num estojo. Talvez nada dê uma ideia tão autêntica da aura como os quadros tardios de van Gogh, nos quais – poderiam descrever-se assim esses quadros – a aura é parte integrante da pintura de todos os objetos.

De um outro estágio da experiência. A minha primeira experiência da *audition colorée*. Não dei muita atenção e não apreendi o que Egon dizia, porque a minha percepção das suas palavras era imediatamente transformada em fragmentos tremulantes de cores metálicas que se organizavam em padrões. Expliquei-lhe isso lembrando os padrões de tricô de que nós gostávamos tanto quando crianças e que tirávamos da revista *Herzblättchens Zeitvertreib* para fazer belos quadros coloridos.

Mais estranho ainda é um fenômeno posterior, associado à minha percepção da voz de Gert. Foi no tempo em que ela própria tinha tomado morfina, e eu, sem ter qualquer conhecimento dos efeitos dessa droga, a não ser dos livros, lhe descrevi de forma profunda e exata o estado em que ela se encontrava, com base – foi o que eu próprio afirmei – na entoação da sua voz. Aliás, essa passagem – de Egon e Gert para a morfina – foi para mim, num certo sentido, o fim dessas experiências, mas também um clímax. O fim porque, dada a enorme sensibilidade que o haxixe desperta, o não ser compreendido pode transformar-se num sofrimento. Eu sofri, por exemplo, com o fato de "os nossos caminhos terem se separado". Foi essa a expressão que usei. O clímax, porque a atração sensual, leve mas permanente, que sentia por Gert, agora que ela andava com a seringa na mão (um instrumento em relação ao qual sinto repulsa), e certamente também por influência do pijama preto que ela usava – em suma, porque essa atração se tingia toda de negro, e talvez nem fossem necessárias as suas repetidas e insistentes tentativas de me levar a tomar morfina para que ela me aparecesse como uma espécie de Medeia, uma qualquer feiticeira da Cólquida.

Algumas observações para caracterizar a zona das imagens. Um exemplo: quando falamos com alguém e ao mesmo tempo vemos como ele fuma um charuto ou passeia pela sala, etc., etc., não nos admiramos de, independentemente do esforço que fazemos para falar com ele, ainda termos a capacidade de seguir os seus movimentos. Mas as coisas apresentar-se-ão de forma diferente se as imagens que temos diante de nós ao falar com um terceiro tiverem origem em nós próprios. Isso, naturalmente, não acontece no estado de consciência habitual. Pelo contrário, tais imagens surgem provavelmente, talvez até surjam permanentemente, mas permanecem inconscientes. No transe do haxixe as coisas passam-se de maneira diferente. Aí pode dar-se, como esta noite demonstrou, uma produção de imagens verdadeiramente avassaladora, independentemente de qualquer outra fixação e orientação da nossa atenção. Enquanto num estado normal as imagens que emergem livremente, mas de que nós não nos apercebemos, se mantêm inconscientes, sob o efeito do haxixe as imagens, ao que parece, não precisam da nossa atenção para se apresentarem diante de nós. Provavelmente, essa produção de imagens faz emergir coisas tão extraordinárias e de forma tão fugidia e rápida, que nós, simplesmente devido à beleza e à estranheza dessas imagens, não conseguimos deixar de lhes dar atenção. Assim, cada palavra de Egon que eu ouvia – e tento dar conta disso recorrendo a uma certa capacidade de imitar as formulações do haxixe num estado de sobriedade – me levava para uma grande viagem. Sobre as imagens propriamente ditas não posso dizer muito mais, dada a impressionante velocidade com que elas surgiam e voltavam a desaparecer (mas numa escala relativamente pequena). No essencial, eram imagens de objetos. Mas muitas vezes com uma componente fortemente ornamental. As preferências vão para coisas que têm esta componente: paredes de alvenaria, por exemplo, ou abóbadas, ou certas plantas. Logo no início, formou-se – para caracterizar uma coisa que vi – a palavra "palmeiras de malha", palmeiras, como depois expliquei, de certo modo com um padrão de malha como o de um casaco. Mas também imagens muito exóticas e inexplicáveis, como as que conhecemos dos quadros dos surrealistas.

Por exemplo, uma longa galeria de armaduras sem ninguém lá dentro. E saindo da abertura do pescoço não havia cabeças, mas chamas. Os presentes rolaram de rir quando eu falei da "decadência da arte do confeiteiro". O que vi foi o seguinte: durante algum tempo apareciam-me bolos gigantescos, bolos tão descomunais que eu, como se estivesse diante de uma alta montanha, só conseguia ver parte deles. Descrevi com grande pormenor como tais bolos eram tão perfeitos que não havia necessidade de comê-los, porque satisfaziam todos os desejos só de os olharmos. A isso chamei "pão dos olhos". Já não me recordo de como cheguei à expressão que usei atrás. Mas penso que não andarei longe da verdade se a reconstituir como se segue: a culpa de hoje termos de comer os bolos só pode estar numa decadência da arte do confeiteiro. E procedi de forma semelhante com o café que pedi. Durante um quarto de hora, se não mais, mantive na mão o copo cheio de café, declarei que estava abaixo da minha dignidade bebê-lo e transformei-o de certo modo num cetro. Essa experiência não foi muito rica em grandes formulações. Lembro-me de um "anão soltitante",[10] expressão que procurei explicar aos outros. Mais compreensível é a minha resposta a uma intervenção de Gert, que recebi com o habitual desprezo sem limites. E a fórmula desse desprezo foi: "O que a senhora diz tem para mim tanto valor como um telhado de Magdeburgo."

Curioso foi o começo, quando eu, sob os primeiros efeitos da droga, comecei a comparar os objetos com os instrumentos de uma orquestra ao serem afinados antes do concerto.

[Sobre a experiência de 7-8 de junho de 1930]

7-8 de junho de 1930. Profunda depressão derivada do haxixe. Senti uma forte paixão por Gert. Totalmente abandonado na minha poltrona, sofrendo por ela estar tão solitária na sua vida com Egon. E, curiosamente, também ele estava com ciúmes, ameaçando atirar-se da janela se Gert o abandonasse. Mas ela também não o fez. Com certeza que as bases sólidas da minha tristeza já existiam antes. Há dois dias, oportunidade de um conhecimento superficial que tornou evidente o estreitamento do círculo das minhas atividades, e pouco

---

[10] No original *Haupelzwerg*. O termo é invenção, certamente por analogia com *Hampelzwerg*, "anão saltitante", "títere".

antes (perturba-me o piano de cima) a notável noite com Margarete Köppke, que insistiu tanto no meu infantilismo que percebi claramente que o que ela queria dizer com essa palavra era o contrário de homem, o que me empurrou tanto para a minha esfera privada. Achei que a fórmula de Bloch – pobre, velho, doente e sozinho – se aplicava perfeitamente a mim em pelo menos três dos seus elementos. Tenho dúvidas sobre a possibilidade de uma mudança das coisas para melhor. O futuro só me oferece perspectivas muito inseguras sobre o país (?), o lugar, a forma como vivo; muitos amigos, mas ando de mão em mão; muitas capacidades, mas nenhuma de que se possa viver e algumas que me atrapalham no meu trabalho. Parecia que esses pensamentos queriam me prender, e desta vez conseguiram-no, como que me amarraram. Como eu desejaria ver em todos os insultos que vinham de Gert revelações que ela lesse no meu rosto, e receber os enigmas da Köppke com fatos e avisos. Estou tão triste que tenho de agradar quase ininterruptamente para poder viver. Mas também estava decidido a fazer com que Gert me agradasse. Quando ela dançou eu bebi cada uma das linhas que nela se desenhavam, e o que eu não poderia dizer sobre a dança e toda esta noite, se lá em cima Satanás em pessoa não tocasse piano! Falava, ao observá-la, com a consciência de que muita coisa me vinha de Altenberg[11]: palavras e expressões talvez dele, mas que eu nunca tinha lido nos seus textos. Tentei descrever-lhe a dança enquanto ela ia dançando. O mais maravilhoso de tudo é que eu via tudo naquela dança, ou melhor, tudo tão ilimitadamente que percebi que tudo seria inabarcável. O que significa o gosto do haxixe em todos os tempos, mesmo o dos cafres ou o de certas palavras, pensamentos, sons – da África ou dos ornamentos, por exemplo –, comparado com o fio vermelho de Ariadne que nos é oferecido pela dança no seu labirinto? Dei-lhe todas as oportunidades de se transformar, na sua natureza, na idade, no sexo, muitas identidades passaram pelas suas costas como névoas pelo céu noturno. Quando dançava com Egon, era um rapaz esbelto armado de negro, ambos traçavam belas figuras pela sala. Mas ele gostava muito de si ao espelho. A janela, nas suas costas, estava escura e vazia, os séculos entravam aos trancos pelo caixilho, enquanto ela – foi o que lhe disse – com cada um dos seus

---

[11] Peter Altenberg (1859-1919): escritor vienense do Fim de Século, autor de prosas miniaturais e poéticas de atmosfera erótica.

gestos se apoderava de um destino ou o deixava cair, se enrolava nele ou o perseguia, o deixava ou se inclinava amavelmente para ele. Gert fazia-me o que as odaliscas sabem fazer aos paxás quando dançam para eles. Mas depois veio subitamente aquela torrente de imprecações, que ela parecia ainda conter antes do último derrame incontrolável, eu tive a impressão de que ela se controlava, que evitaria o pior, e acho que não me enganei quanto a isso. E depois veio a solidão, horas mais tarde as tentativas de consolo com pensamentos e palavras, mas nessa altura a amargura no interior do meu bastião do sofá já tinha subido alto demais, e eu não pude ser salvo. E com isso afogaram-se as mais inefáveis visões, nada, quase nada se salvou, a não ser, pairando acima dessa torrente negra, a agulha de um campanário gótico, ponta de madeira revestida com vidros coloridos escuros, verdes e vermelhos.

[...]

Walter Benjamin em Ibiza, 1933 (com Jean Selz e Felix Noeggerath)

Anotações sobre o "crock"[12]

I

Não existe nenhuma legitimação consistente do *crock* a não ser a consciência de, com a sua ajuda, penetrar de repente naquela superfície oculta, em geral inacessível, que é representada pelo ornamento.

---

[12] Jean Selz, um dos amigos de Benjamin que tinha uma casa em Ibiza, esclarece o sentido da palavra "crock": "A palavra 'crock' não existe em alemão, e deve ser enigmática para os leitores de Benjamin. Trata-se, de fato, da forma germanizada do francês "croc" [gancho]. Mas o sentido que lhe dávamos não tem nada a ver com este. Era o nome, ao mesmo tempo secreto e absurdo, que dávamos ao ópio. Alguns amigos fumantes tinham inventado este nome, eu

É sabido que este nos envolve por quase toda parte. E, no entanto, é uma das coisas em relação à qual a nossa capacidade de percepção mais falha. Em geral mal damos por ele. Na experiência do *crock*, pelo contrário, a sua presença ocupa-nos de forma intensa. E vai tão longe que nós, a brincar, com grande prazer, extraímos do ornamento aquelas experiências que tivemos nos anos da infância ou com febre. Elas assentam sobre dois elementos diferentes, que alcançam os seus máximos efeitos sob a ação do *crock*. Trata-se, por um lado, da plurissignificação do ornamento. Não existe nenhum que não tenha pelo menos duas leituras: como constelação de superfície ou como configuração linear. Mas na maior parte dos casos as formas isoladas, que se podem organizar em diferentes grupos, permitem várias configurações. Essa experiência, por si só, remete já para uma das particularidades mais específicas do *crock*: para a sua incansável capacidade de retirar de uma única realidade – por ex. um cenário ou a representação de uma paisagem – uma pluralidade de aspectos, conteúdos e significados. Noutro lugar referiremos ao fato de essa possibilidade de interpretações plurais, que tem no ornamento o seu fenômeno originário, ser apenas um outro aspecto da singular experiência identitária que se abre com o recurso ao crock. A outra caraterística, que aproxima o ornamento do tipo de fantasia própria do *crock*, consiste na sua perseverança. É caraterístico dessa fantasia o fato de ela oferecer ao fumante objetos – muitas vezes particularmente pequenos – que se lhe apresentam em série. As sequências infinitas em que os mesmos utensílios, animaizinhos ou formas vegetais lhe surgem repetidas vezes representam de certo modo esboços preliminares, malformados, de um ornamento primitivo.

Mas aparecem também, a par do ornamento, outras coisas do mais banal mundo cotidiano, que dão ao *crock* o sentido e a significação que trazem consigo. Entre elas contam-se, entre outras, as cortinas e as rendas. As cortinas são intérpretes da linguagem do vento. Dão a cada

---

aprendi-o com eles e comuniquei-o a Benjamin. Não sabíamos de onde vinha esse uso especial do termo. Pode ter nascido por simpatia com o vocabulário humorístico do Pai Ubu (no *Ubu Roi* de Jarry), que fala muitas vezes do seu 'croc à phynances'. A ortografia usada por Benjamin corresponde exatamente à pronúncia francesa da palavra. Também a palavra 'fête', usada em francês nas 'Anotações sobre o crock', fazia parte da nossa linguagem especial: não designava nenhuma festa, mas apenas as sessões em que fumávamos 'crock'" (GS VI, 824).

sopro dele a configuração e a sensualidade das formas da mulher. E ao fumante que se concentra no seu jogo concedem todos os prazeres que lhes daria uma dançarina perfeita. Mas se as cortinas forem de tecido com abertos, podem transformar-se em instrumento de um jogo ainda mais estranho. Essas rendas serão para o fumante uma espécie de escantilhão que ele aplica sobre a paisagem para transformá-la da forma mais singular. A renda submete a paisagem que se mostra atrás dela à moda, mais ou menos como o arranjo de certos chapéus submete aos caprichos da moda as penas de pássaro ou as flores. Há uns postais ilustrados antigos nos quais o lema "As termas de Ems saúdam-vos" divide a cidade em Passeio das Termas, estação, monumento ao *Kaiser*, escola e Alto da Carolina, cada uma dessas vistas dentro do seu círculo. Postais como esse podem dar uma ideia do modo como as cortinas de renda se impõem à imagem da paisagem. Eu tentei derivar da cortina uma bandeira, mas ela fugiu-me.

As cores podem exercer um forte efeito sobre o fumante. Na sala dos Selz havia um canto com lenços pendurados na parede. Sobre uma caixa com um *naperon* de renda, alguns copos com flores. Nos lenços e nas flores a cor dominante era o vermelho nas mais diversas gradações. Eu descobri esse canto já tarde e de repente, quando a *fête* já ia adiantada. O efeito foi quase anestesiante. Imediatamente pensei que a minha tarefa consistiria em descobrir o sentido da cor com a ajuda desse incomparável instrumentário. Chamei a esse canto "Laboratoire du Rouge". A primeira tentativa de começar o trabalho com ele não resultou. Mas voltei a tentar mais tarde. No momento, ficou-me dessa tentativa apenas a ideia de que o problema passou para mim a ser outro. Agora era mais geral, e abrangia todas as cores. Pareceu-me que aquilo que as distinguia era o fato de elas terem forma e se fazerem perfeitamente idênticas à matéria sobre a qual se mostravam. Mas o fato de se mostrarem iguais sobre as mais diversas matérias – por exemplo uma pétala ou uma folha de papel – tornava-as intermediárias ou mediadoras dos domínios da matéria; só por meio delas os mais afastados se podiam unir perfeitamente uns aos outros.

II

Um ponto de vista moral, que desfigura perspectivas essenciais da natureza do *crock*, retirou também da nossa atenção uma parte decisiva da intoxicação, nomeadamente a econômica. Certamente não se exagera ao dizer que um dos motivos principais da dependência é, em muitos casos, o de aumentar a preparação do dependente para a luta da existência. E esse objetivo de modo nenhum é fictício; em muitos casos é realmente alcançado. Não se admirará com isso quem tenha seguido o aumento da força de atração que a droga muitas vezes confere ao dependente. O fenômeno é tão inquestionável como insondáveis são as razões que o explicam. É provável que a droga, como resultado das transformações que provoca, leve também ao desaparecimento de uma série de fenômenos que constituem obstáculos para o indivíduo. Agressividade, obstinação e mentalidade farisaica são traços de caráter que raramente se encontram em quem toma a droga. A isso se junta um efeito sedativo da droga enquanto ela atua, e um componente importante desse efeito é a convicção de que nada é mais importante nem tem mais valor do que a droga. Tudo isso pode dar, mesmo a naturezas mais modestas, um sentido de segurança que elas não teriam, e muito menos nas suas funções profissionais. Essa disposição é particularmente valiosa para o indivíduo, porque se dá a ver aos outros – nas mudanças de caráter e também de fisionomia –, mas mais ainda ao próprio. Do mesmo modo que o mecanismo das inibições se manifesta de preferência numa voz rouca, grossa, entaramelada ou surda, cujas alterações são mais notórias para quem fala do que para quem ouve, a eliminação de tal mecanismo, por seu lado, reconhece-se, pelo menos para a sensibilidade do sujeito, por um domínio surpreendente, preciso e gratificante da própria voz.

A descontração que está na base desses fenômenos, muito provavelmente nem sempre é um efeito direto das drogas. Nos casos em que vários fumantes se juntam, há outros fatores em jogo. É comum a muitas drogas potencializarem o prazer de estar com parceiros, ao ponto de se desenvolver em certas pessoas uma espécie de misantropia. O convívio com outros que não partilhem as suas práticas parece-lhes sem interesse e maçante. É evidente que nem sempre esse fascínio se explica pelo nível da conversação que se desenvolve. Mas, por outro lado, é provável que a razão pela qual muitas das pessoas que organizam regularmente essas sessões as acham especiais não esteja apenas no desaparecimento das inibições. O que parece acontecer mais é a aproximação das inferioridades, dos complexos e das perturbações que os vários parceiros partilham. Os dependentes aspiram, por assim dizer, uns dos outros as substâncias más da sua existência, e agem de forma catártica uns sobre os outros. É óbvio que isso traz consigo grandes perigos. Por outro lado, essa circunstância pode explicar o grande valor, por vezes insubstituível, que esse vício possui precisamente para as situações mais banais da vida cotidiana.

O fumante de ópio ou de haxixe tem a experiência do olhar que é capaz de encontrar cem lugares diferentes num único.

Manhã de sono depois de fumar. É, dizia eu, como se a vida tivesse estado fechada num frasco como uma conserva. E o sono fosse o líquido em que ela boiava, e que agora, permeado por todos os cheiros da vida, alguém escorre.

"Les mouchoirs accrochés au mur tiennent pour moi la place entre torche et torchon."

"'Rot' c'est comme un papillon qui va se poser sur chacune des nuances de la couleur rouge."[13]

[...]

[Anotações sobre a experiência de Fränkel com mescalina, 22 de maio de 1934]

Essência da mãe: tornar o acontecido não acontecido. Lavar a vida no rio do tempo.

Obras femininas: orlar dar nós entrançar tecer.

"Rede ou manto – é essa a questão"

Terror – a sombra da rede sobre o corpo. No terror, a pele cria uma rede. Mas essa rede é a rede dos mundos: nela está enredado todo o mundo.

Orlar – as crianças na orla do tempo, vadiando: puxam as franjas das vivências, desfiam-nas. Por isso as crianças se atrasam; "desleixo" é o nome da melhor parte desse sentimento de felicidade. Na descida ao reino das Mães, Fausto faz primeiro a experiência do terror; depois vem o momento do desleixo. No meio do trabalho masculino, é

---

[13] "Os lenços pendurados na parede ocupam para mim o lugar entre tocha e toalha."

"'Rot' ['vermelho' em alemão] é como uma borboleta que pousa sobre cada uma das gradações da cor vermelha." As duas frases são referidas nas memórias de Jean Selz, que conheceu Benjamin em Ibiza (cf. *Über Walter Benjamin*. Frankfurt/Main: Suhrkamp, 1968, p. 40-41).

surpreendido pelo instante. É o instante em que a mãe vem buscá-lo para ir para casa.[14]

Dois tipos de materiais para tecelagem: vegetal e animal. Tufos de cabelo, tufos de plantas. O segredo do cabelo: no limite entre planta e animal. Das fissuras da "casa Förster"[15] nascem tufos de cabelo.

A casa Förster: (ela fez do Arquivo Nietzsche uma casa Förster) a casa Förster é de pedra vermelha. Eu sou uma barra do corrimão: um suporte obstinado, caturra. Mas já não é a árvore-totem, é apenas uma miserável imitação dela. Pata de camurça ou casco de cavalo do diabo; um símbolo da vagina.

Rede, manto, orla e véu. Tristeza, o véu que pende imóvel e anseia por uma brisa que o areje.

Ornamentos finos como cabelos: também esses padrões vêm do mundo da tecelagem.

Poema sobre a mão: "Esta mão / é muita mão / minha mão / lhe chamam" [*Diese Hand / ist aller Hand / meine Hand / ist sie genannt*]. Tem um pedestal sobre o qual se pode escrever que monumento se deseja. Está num lugar diferente daquele onde eu julgo que ela está. A mão do catatônico e o seu divertimento: a um mínimo de alternância da inervação ele associa um máximo de alternância das ideias. Essa economia é o seu divertimento. É como um ilustrador que traçou de uma vez por todas os contornos do seu desenho e agora, por meio de milhões de sombreados sempre diferentes, extrai dele imagens sempre novas.

Má educação é o aborrecimento da criança por não ser mágico. A sua primeira experiência do mundo não é a de que os adultos são mais fortes, mas a de que ela não é um mágico.

O prazer contido em tudo isso está no por vir: sentir as fases.

O segredo de Struwwelpeter:[16] as crianças das suas histórias só são assim malcriadas porque ninguém lhes dá presentes. Por isso é que a criança que o lê é bem comportada, porque recebe tantos presentes

---

[14] A descida de Fausto ao reino das Mães constitui um episódio da segunda parte da obra de Goethe, v. 6216 segs. O "instante" que surpreende Fausto "no meio do trabalho dos homens" é o da plena realização e morte, dado na última fala da personagem, v. 11559-11586.

[15] Literalmente, "casa do guarda florestal". Förster é, no entanto, o nome da irmã de Nietzsche, Elisabeth, que manipulou o espólio do filósofo e forjou o mito de uma obra com o título *A vontade de poder,* que nunca existiu.

[16] O *Struwwelpeter* é um dos livros infantis alemães mais conhecidos desde o século XIX.

logo na primeira página, onde cai uma pequena chuva de presentes do céu da noite escura. É assim que chove ininterruptamente nos mundos infantis. Nos véus como os da chuva, os presentes caem sobre a criança, velando-lhe o mundo. Uma criança tem de receber presentes, senão acontece-lhe como às do Struwwelpeter: ou morre, ou dão cabo dela, ou tem de fugir. É esse o segredo do Struwwelpeter.

Sabedoria de quem é malcriado
Mundo de névoa dos afetos (os afetos começam por não estar divididos)
O riso salva vidas (defesa); no momento das cócegas, quando toco nas imagens do teste de Rorschach, não consigo dizer mais nada
Ovelhinhas-pelicano
Rainha de Sabá e poço: mão
Mão de cera
Direito a palmeiras

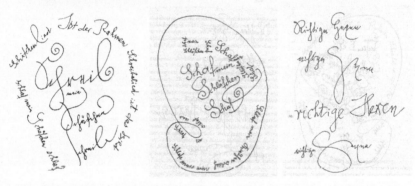

Desenhos feitos por Benjamin durante a experiência com mescalina, em 22 de maio de 1934. Benjamin chama a atenção para as várias formas de embrião contidas nas figuras 1 e 2. O texto que forma as figuras é o seguinte:
Fig. 1: "Escreve minha ovelhinha, escreve" (ao centro); "Canção da ovelhinha é a moldura / Canção da escrita é a imagem / dorme minha ovelhinha dorme" (na moldura)
Fig. 2: "Ovelha meu soninho ovelha" (na metade superior do embrião); "Dorme / desdorme" e "Dormir é preciso" e "Dorme meu menino dorme" (na metade inferior)
A figura 3 (em que aparece quatro vezes o texto "Bruxas a sério", em caligrafias diferentes) é interpretada como sendo "as quatro Parcas".

[...]

Notas sem data

Primeira ilusão absoluta e mínima, ponto seis. Passa um carro com grande ruído das rodas. Dois pinheiros parecem saltitar juntos. Uma certa calmaria.

Se eu falasse, provavelmente tudo seria mais claro, porque tanta coisa se inflama com o amor do eu.

alguma vez vocês me (x) alguma coisa
toda imagem é em si um sono
para a casa apenas um caminho subitamente íngreme
je brousse les images (xxx)[17]
tudo o que é se transforma em marco na paisagem [?]
Entretanto a mulher velha já se tornou outra vez nova [?]
Onde está o homem preso.

Agir é um meio para
sonhar
Refletir é um meio para
ficar desperto.

O que é tranquilidade
Generoso nos ritmos

Tribunal: Ele vem e destrói Gimignano
por toda parte *vivem* já imagens
não *vivem* aqui

eu já não era aquele que vive além. Mas apenas assim abstrato. Eu tinha o mundo. (x) Ocupada a praça do mercado?

O andar de uma pessoa que se vai embora é a alma da conversa que teve com outra.

Ainda e sempre o mesmo mundo – apesar de sermos pacientes

Eu vi por que razão, se nos escondermos na erva, podemos pescar na terra

---

[17] "Atravesso a selva das imagens". Os parênteses com x assinalam lugares em que faltam palavras no original.

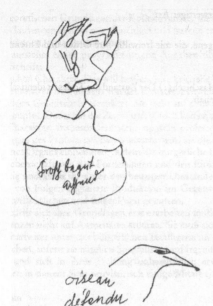

"Rã examinadora"
(*Frosch begut/achtend*)
"Pássaro proibido" (*oiseau défendu*)

A imaginação torna-se civilizacional –
Ah, tivesse eu novamente *As Alegres Comadres de Windsor*

Serviçais berlinenses humorísticos

Na névoa de Berlim
Os contos berlinenses de Gottheil:
Oh, coluna da vitória, tostadinha,
Polvilhada com o açúcar invernal
Canhões franceses sobrepõem-se
Às perguntas que faço[18]
Barbarossa 1771

Acabo de ver uma coisa, meu Deus, são materializações inferiores
Prisioneiros que me entregam voluntariamente as suas ordens e condecorações
Sobre o haxixe: o estado da morte é idêntico ao do poder.

---

[18] As frases reaparecerão em textos de *Infância Berlinense: 1900* (a epígrafe e "A Coluna da Vitória").

Comentário

Nota

Este comentário segue, em todos os volumes, o da edição original (*Gesammelte Schriften*, da responsabilidade de Rolf Tiedemann e Hermann Schweppenhäuser). Adaptei os comentários ao destinatário de língua portuguesa e atualizei lacunas. As passagens em itálico provêm todas de textos e cartas de Benjamin.

As citações das Cartas no aparato crítico da edição alemã das Obras de Walter Benjamin referem ainda à edição em dois volumes, organizada por G. Scholem e Adorno (BENJAMIN, W. *Briefe* [Cartas]. Herausgegeben und mit Anmerkungen versehen von Gershom Scholem und Theodor W. Adorno. Frankfurt/Main: Suhrkamp Verlag, 1966). Foi, entretanto, editada a correspondência completa de Benjamin (*Gesammelte Briefe* in sechs Bänden [Correspondência Completa, em seis volumes], organização de Christoph Gödde e Henri Lonitz (Arquivo Theodor W. Adorno), Frankfurt/Main: Suhrkamp Verlag, 1995-2000). Uma vez que é esta hoje a edição de referência para as Cartas de Benjamin, todas as citações no Comentário desta edição remeterão para ela, indicando, no entanto, também a fonte na primeira edição das Cartas. Para isso, usar-se-ão as siglas Br. (= *Briefe*, para a edição de Scholem/Adorno, em dois volumes) e GB (= *Gesammelte Briefe*, para a edição completa), seguidas do número de página e, no caso desta última edição, também o do volume. Sempre que apareça apenas a referência a GB, isso significa que a carta em questão não figura na edição de Scholem/Adorno. As referências à edição original das Obras (*Gesammelte Schriften*) utilizam a sigla GS, seguida do volume e do número de página.

IMAGENS DE PENSAMENTO
(p. 7-132)

Imagens de pensamento é um conjunto de textos escritos em parte paralelamente a outros de *Rua de mão única*, e no mesmo espírito deste livro, mas que não foram aí incluídos, ou foram escritos depois de 1928. Tal como aconteceu com *Infância berlinense*, Benjamin não editou em livro essa coletânea, cujos textos foram saindo (entre 1925 e 1934) em jornais e revistas alemães e suíços, sendo alguns, poucos, inéditos antes da inclusão na edição crítica alemã (GS IV/1, 305-438). O título, escolhido pelos organizadores da edição alemã, retoma o de um dos conjuntos de textos incluídos na obra. Adorno comenta e explica a origem e o sentido desse título, muito caraterístico da forma de pensar o real nas suas dimensões empíricas, oníricas e de memória por Walter Benjamin, bem evidente na abertura de uma das peças do livro, "San Gimignano": *Encontrar palavras para aquilo que temos diante dos olhos é qualquer coisa que pode ser muito difícil. Mas, quando chegam, batem com pequenos martelos contra o real até arrancarem dele a imagem, como de uma chapa de cobre.* Segundo Adorno (em *Über Walter Benjamin* [Sobre W. Benjamin], Frankfurt/Main, 1968, p. 55), o termo "imagem de pensamento" remonta a Stefan George, que o usou em 1907 no livro de poesia *Der siebente Ring* [O sétimo anel] com referência a Mallarmé, que "sangrou pela sua imagem de pensamento". Adorno comenta ainda: "[na noção de *Denkbild* / imagem de pensamento] intervém uma concepção de Platão oposta à dos neokantianos, segundo a qual a ideia não é uma mera representação, mas um ente em si que, ainda que releve puramente do espírito, possui uma realidade sensível".

Nápoles

Publicado no *Frankfurter Zeitung* de 19 de agosto de 1925.

De Capri, onde passou vários meses em 1924, Benjamin escreve a Scholem em 16 de setembro: *Nesse mesmo dia vi Salerno. Pela segunda vez Pompeia, e talvez pela vigésima Nápoles, cidade sobre a qual reuni muito material, observações curiosas e importantes que talvez possa vir a trabalhar* (Br., 358; GB, II, 486). Pouco depois, escrevia a Richard Weißbach: *Preparo um ensaio longo sobre Nápoles, resultado provisório dessa viagem* (GB, II, 497). E a Scholem, com data de 12 de outubro: *Depois, logo que tenha uma cópia limpa, "Nápoles" será publicado em letão, e talvez também em alemão* (Br., 362; GB, II, 501). O manuscrito ficou ainda vários meses na redação do *Frankfurter Zeitung*. Em maio de 1925 Benjamin alertava Scholem para o fato de *dentro de algumas semanas sair no Frankfurter Zeitung um ensaio, meu e de uma amiga de Capri, um ensaio sobre "Nápoles", que está a ser composto* (Br., 380; GB, III, 37); mas em julho o ensaio ainda não tinha saído (Br., 394; GB, III, 61). O texto só sairia em 19 de agosto, como sendo de autoria de Benjamin e Asja Lacis. Sobre a autoria conjunta do ensaio, Adorno acha que "não pode haver muitas dúvidas de que o trabalho é produto apenas de Benjamin" (cf. *Über Walter Benjamin, op. cit.*, p. 10); mas já Asja Lacis escreve nas suas memórias: "Benjamin sugeriu: vamos escrever a dois um artigo sobre 'Nápoles'. E de fato escrevemo-lo" (LACIS, A. "Städte und Menschen" [Cidades e homens]. In: *Sinn und Form*, n. 21, 1969, p. 1345).

Moscou

Publicado na revista *Die Kreatur*, n. 2, 1927, p. 71-101.

Durante a sua estada em Moscou, de 6 de dezembro de 1926 a 1º de fevereiro de 1927, Benjamin escreve a Julia Radt: *Vou ter muito que trabalhar sobre tudo o que vejo e ouço, até que as coisas ganhem forma. Em situações como esta, o presente – até mesmo o mais fugidio – ganha um valor extraordinário. Tudo está em construção ou transformação, e quase todos os momentos colocam questões muito críticas. As tensões na vida pública – que têm um caráter quase teológico – são tão grandes que abafam, num grau impensável, tudo o que é privado. [...] Não posso fazer juízos de valor sobre tudo isso; no fundo, trata-se de uma situação sobre a qual podemos e temos de tomar posição quando estamos envolvidos nela, e por isso muitas vezes uma posição de rejeição; a partir de fora não podemos fazer mais que observar. E é totalmente imprevisível o que se irá passar a seguir na Rússia. Talvez uma verdadeira comunidade socialista, talvez qualquer coisa completamente diferente. A luta que decidirá isso está acontecendo ininterruptamente. É muito produtivo estar-se objetivamente ligado a esta situação; mas para mim não é possível inserir-me nela a partir de posições de princípio. Terei de ver até que ponto consigo chegar a uma relação objetiva com os acontecimentos. [...] E não sei ainda o que escreverei sobre esta minha estada aqui. Acho que já te disse que, por ora, comecei a reunir grande quantidade de materiais sob a forma de diário* (Br., 439-40; GB, III, 221-22).

Certamente para se proteger de juízos superficiais e também da apreensão desses materiais, Benjamin tenta, provavelmente durante a emigração, tornar ilegível o título original, substituindo-o por *Viagem espanhola*. Não é possível decifrar com segurança o título original, que parece ter sido *Diário de Moscou* (incluído no volume dos escritos autobiográficos, GS VI, p. 292-409). No princípio de fevereiro de 1927 Benjamin regressa a Berlim; mais tarde, numa carta a Hofmannsthal, escreve: *Nas semanas que se seguiram, em Berlim, o meu trabalho consistiu essencialmente em retirar do diário, que, pela primeira vez em quinze anos, fui escrevendo nesta viagem com muito pormenor, os fatos dignos de chegarem ao espaço público* (Br., 444-45; GB, III, 258). A partir das anotações do diário, Benjamin escreveu um *artigo sobre Moscou* (Br., 441; GB, III, 236), ao que parece encomendado por Martin Buber para a revista *Die Kreatur* (cf. Br., 442; GB, III, 240). Em 23 de fevereiro de 1927 escrevia a Scholem: *Certos pormenores em que não pude intervir tiveram em parte um efeito pouco favorável sobre as minhas possibilidades de movimentação em Moscou, de modo que não fui a tantos lugares como teria desejado. Mas os dois meses em que, bem ou mal, tive de me haver com essa cidade, acabaram por me dar coisas a que dificilmente chegaria por outra via, como depressa percebi logo que cheguei e em conversas com pessoas daqui. Espero (mas não tenho a certeza) poder esclarecer, nas notas sobre Moscou em que trabalho agora, algumas dessas coisas para leitores tão avisados como tu* (Br., 441; GB, III, 236-37). Na mesma data, Benjamin escrevia a Buber, expondo-lhe de forma programática as intenções do artigo sobre Moscou: *Uma coisa lhe posso garantir sem dúvidas, o lado negativo: a minha exposição afastar-se-á de todas as teorias. Espero ser capaz de deixar falar o lado criatural – na medida em que me é possível apreender e reter essa língua, para mim muito nova e estranha, que ecoa através da máscara de um mundo totalmente transformado. Pretendo dar uma imagem da cidade de Moscou, neste momento em que "todos os fatos já são teoria", uma imagem que prescinda de toda abstração dedutiva, de quaisquer prognósticos e, em certa medida, também de juízos de valor, coisas que – é a minha convicção inabalável –, neste caso, não poderão ser dadas através de fatores "espirituais", mas tão somente de fatos econômicos, sobre os quais, mesmo aqui na Rússia, só muito poucos terão uma perspectiva global. Tal como se apresenta neste momento, Moscou está, para esquematizar e simplificar, aberta a todas as possibilidades, acima de tudo as do fracasso e da vitória da revolução. Em qualquer dos casos, porém, teremos de contar com qualquer coisa de imprevisível, uma imagem diferente de toda futurologia programática; e isso é hoje evidente, de forma dura e clara, nas pessoas e no mundo em que vivem* (Br., 442-43; GB, III, 232). Em carta de 5 de junho de 1927, a Hofmannsthal, lê-se: *A minha tentativa de descrever essa estada [...], apesar de estar já em provas, ainda não saiu. Procurei nesse artigo mostrar aqueles fenómenos concretos que mais me marcaram, tal como são e sem excursos teóricos, se bem que não sem uma tomada de posição mais íntima. Naturalmente que o desconhecimento da língua me não permitiu ir além de uma camada fina da realidade. Mas, mais até do que pelos aspectos visuais, orientei-me pela experiência rítmica, pelo tempo em que as pessoas vivem nessa cidade e em que um ritmo russo antigo se funde numa totalidade com o novo, da revolução, que achei, ainda mais do que esperava, incomparável com qualquer medida da Europa ocidental* (Br., 443-44; GB, III, 257). Já depois da saída do artigo "Moscou", Benjamin escreve a Buber, em 26 de julho de 1927: *O artigo teria assumido aquele tom mais pessoal de que falava a sua última carta, se eu tivesse podido submeter à apreciação dele* [do teólogo Florens Christian Rang] *tudo aquilo que me tocou antes, durante e depois dessa viagem. Apesar disso, espero que alguns leitores se apercebam de que essas impressões "óticas" se inserem numa rede gradual de pensamentos* (Br., 447; GB, III, 277-78). Antes da publicação na revista *Die Kreatur*, o jornal francês *Humanité* publicou algumas passagens da quarta seção do artigo, sob o título *Le développement actuel de la jeunesse prolétarienne*. Um esboço de carta, fragmentário, de Benjamin dá a entender que ele desejava publicar mais alguns excertos no *Humanité*, mas o plano não se concretizou (cf. Arquivo Benjamin, manuscrito 1286 v).

O caminho para o sucesso em treze teses

Publicado no *Frankfurter Zeitung* de 22 de setembro de 1928.

Weimar

Publicado na revista *Neue Schweizer Rundschau*, n. 21, 1928, p. 751 segs.

Em 2 de junho de 1928 Benjamin escrevia de Frankfurt a Scholem: *Vou provavelmente fazer uma parada em Weimar, no regresso* [a Berlim]*, para consultar novamente a Goethiana, que já não vejo há mais de dez anos, com vista ao meu artigo para a Enciclopédia* (Br., 475; GB, III, 383). O "artigo", sobre Goethe (a incluir em próximo volume desta série), destinava-se à Grande Enciclopédia Russa, e Benjamin estava a reformulá-lo nessa altura. Em 18 de junho comunicava novamente a Scholem: *Depois do regresso de Weimar, escrevi um pequeno texto, "Weimar", que verás em breve publicado, mas não no* Literarische Welt (Br., 476-77; GB, III, 392). Depois da publicação, Benjamin comentava, em carta a Scholem de 14 de fevereiro de 1929, que *Weimar representa, em tons muito suaves, o lado oposto do Estado soviético na minha cabeça de Jano* (Br., 489; GB, III, 438). E explicava ainda, em carta a Hofmannsthal: *"Weimar" é um produto secundário derivado do meu trabalho no artigo "Goethe" para a Enciclopédia Russa [...] Estive em Weimar há um ano. Em algumas passagens transparece bem a impressão das razões que motivaram a minha visita. Mas a essência, liberta de todo o contexto de uma descrição, está fixada nessas duas páginas, para as quais "Marselha" constitui um contraponto* (Br., 496; GB, III, 472).

[Dois sonhos]

Publicado em Ignaz Jezower, *Das Buch der Träume* [O Livro dos Sonhos], Berlim, 1928.

Em 1928, Ignaz Jezower publicou uma coletânea de sonhos de vários autores, que incluía dez sonhos de Benjamin. Seis desses textos apareceram, nesse mesmo ano, em *Rua de mão única*: "Embaixada mexicana", "Trabalhos no subsolo", "Número 113" ("Sala de jantar" e "Vestíbulo"), "Relógios e joias de ouro" (excerto) e "Fechado para obras!". Dois outros sonhos, "O vidente" e "O homem mudo" encontram-se na coletânea de sonhos de Benjamin *Selbstbildnisse des Träumenden* (Autorretratos do sonhador), de que se conservou um datiloscrito. Como esses dois textos apresentam, na versão datiloscrita, emendas manuscritas não levadas em conta no livro de Jezower, são aqui reproduzidos na seção "Autorretratos do sonhador". Só os dois sonhos desse livro que Benjamin não incluiu em mais nenhuma obra sua são aqui reproduzidos. O título, "Dois sonhos", é da responsabilidade dos organizadores da edição crítica alemã.

Paris, a cidade no espelho

Publicado na revista *Vogue* de 30 de janeiro de 1929.

A publicação foi feita anonimamente. O exemplar pessoal de Benjamin traz a anotação: *A versão original deste artigo, aqui truncado, encontra-se nos manuscritos não publicados. O original perdeu-se.*

Marselha

Publicado na revista *Neue Schweizer Rundschau*, v. 22, 1929, p. 291-295.

Em 30 de outubro de 1928 Benjamin considerava *"Marselha" (uma série de esboços muito curta)* entre os trabalhos que *concluí nos últimos tempos* (Br., 482; GB, III, 420). Em meados de janeiro de 1929 tinha feito uma última revisão, quando enviou a Max Rychner a *editio ne varietur* do seu *pequeno panfleto* (Br., 485; GB, III, 431). Em carta a Scholem, comparava "Marselha" com o texto "Weimar", já publicado, e explicava que, *devido a esse paralelismo, gostaria de vê-lo publicado na mesma revista* (Br., 489; GB, III, 438). Numa carta a Hofmannsthal refere "Weimar" como *contraponto de "Marselha". Talvez fraco, mas para mim devido à razão, nada determinante, de que nunca lutei tanto com uma cidade. Arrancar-lhe uma frase, poderia dizer-se, é mais difícil do que tirar um livro inteiro de Roma* (Br., 496; GB, III, 472).

San Gimignano

Publicado no *Frankfurter Zeitung* de 23 de agosto de 1929.

A concepção do texto deriva de uma visita de Benjamin a San Gimignano em fins de julho de 1929, como se depreende de carta a Scholem datada de 27 de julho: *Sobre San Gimignano não escreverei nada. Penso que não ouves o nome pela primeira vez. Talvez mais tarde resulte qualquer coisa minha que se possa ler. Na pior das hipóteses, terás de te contentar com os quadros de Derain, na melhor, conhecer o lugar pessoalmente; serás com certeza o único Palestino, tal como eu o único Alemão* (Br., 499; GB, III, 478).

No sexagésimo aniversário de Karl Wolfskehl

Publicado no *Frankfurter Zeitung* de 17 de setembro de 1929.

Sombras curtas (I)

Publicado na revista *Neue Schweizer Rundschau*, v. 22, 1929, p. 859-863.

Comida

Publicado no *Frankfurter Zeitung* de 29 de maio de 1930.

Romances policiais em viagem

Publicado no suplemento literário do *Frankfurter Zeitung* de 1º de junho de 1930.

Mar nórdico

Publicado no *Frankfurter Zeitung* de 18 de setembro de 1930.

Desempacotando a minha biblioteca

Publicado em *Die literarische Welt* de 17 e 24 de julho de 1931.

O manuscrito desta conferência, que se perdeu, continha provavelmente uma continuação do texto, mas com certeza mais algumas frases. Estas foram impressas por engano no jornal *Die literarische Welt*. Benjamin refere o lapso numa carta a Adorno: *Já que falamos das minhas coisas, não posso deixar de informá-lo de que, no meu ensaio, uma parte cortada no manuscrito surge monstruosamente a fechar o texto, devido a um engano do tipógrafo. O ensaio deveria terminar com a expressão "como convém". O próximo número fará a correção do erro* (GB, IV, 49).

O caráter destrutivo

Publicado no *Frankfurter Zeitung* de 20 de novembro de 1931.

Numa carta a Scholem, Benjamin esclarece-o sobre o destinatário escondido desse texto: *Desde há cerca de um ano que mantenho relações próximas com Gustav Glück, diretor do departamento de estrangeiro da Caixa de Crédito, de quem encontras em "O caráter destrutivo", que te mando, uma espécie de esboço de retrato – a ler* cum grano salis (Br., 542; GB, IV, 62).

O coelho de Páscoa descoberto, ou Pequeno guia dos esconderijos

Publicado na revista *Der Uhu* (Berlim), n. 7, 1932, p. 104 segs., com o título "O coelho de Páscoa descoberto, ou Pequeno guia dos esconderijos para ovos de Páscoa". O acrescento da Redação "para ovos de Páscoa" figura entre parênteses no manuscrito, e não aparece na "Relação dos meus trabalhos impressos" feita por Benjamin.

Escavar e recordar

Inédito em vida do autor. Fonte: Arquivo Benjamin, manuscrito 929. Existe uma passagem com semelhanças na *Berliner Chronik* [Crônica berlinense].

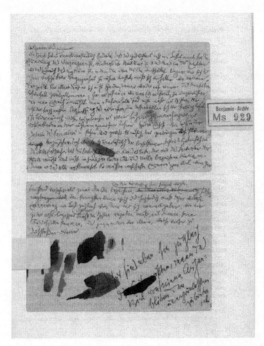

"Escavar e recordar" (Arquivo Benjamin, manuscrito 929)

Sonho

Inédito em vida do autor. Fonte: Arquivo Benjamin, datiloscrito TS 1763.

A primeira versão desse sonho data de fim de abril de 1932.

Sequência de Ibiza

Publicado no *Frankfurter Zeitung* de 4 de junho de 1932.

Na primavera de 1932 Benjamin escreve de Ibiza a Gretel Adorno que *se surpreendeu a si mesmo ao retomar a forma de apresentação da* Rua de mão única *para uma série de outros motivos que se prendem com os mais importantes desse livro* (Br., 552; GB, IV, 96). Não é possível saber se essa indicação se prende com o plano de Benjamin de acrescentar outros textos a *Rua de mão única*. Há, isto sim, referências a uma "Sequência de Ibiza" que não revelava ainda semelhanças com esta versão impressa do *Frankfurter Zeitung*. No espólio encontra-se uma lista de títulos com o título genérico "Sequência de Ibiza" (Arquivo Benjamin, manuscrito 756), e que enumera os seguintes textos:

> *Revolução e festa* (provavelmente "Belo terrível", p. 128)
> *O longe e as imagens* (p. 120)
> *Sonho soviético* (provavelmente "Aquele que sabe", p. 116)
> *Uma vez não são vezes* (p. 127)
> *Procura dar uma sequência a tudo na vida*
> (original em GS VI, 205: "Reflexões e apontamentos")
> *Apontamento sobre Proust* (provavelmente um apontamento incluído em "Montanha abaixo", p. 111)
> *Recordações* (texto não escrito ou desaparecido)
> *Roulette* (provavelmente "O jogo", p. 120)
> *Da imprensa* (eliminado)
> *Conto e cura* (p. 124)
> *O estilo das recordações* (provavelmente "Escavar e recordar", p. 101)

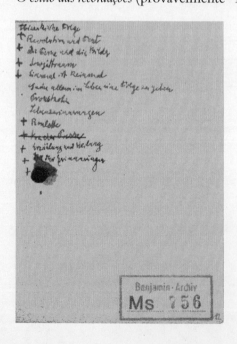

Ao sol

Publicado no *Kölnische Zeitung* de 27 de dezembro de 1932.

Autorretratos do sonhador

Publicados em: Ignaz Jezower, *Das Buch der Träume*, Berlim, 1928; e *Der öffentliche Dienst* (Zurique) de 23 de fevereiro de 1934 e 11 de maio de 1934.

Benjamin reuniu sob esse título, provavelmente em 1932, relatos de sonhos escritos em diversas alturas e em parte já publicados. "O vidente" e "O homem mudo" foram incluídos em 1928 na coletânea de I. Jezower; "O amante" figurava, com o título "Primeiro sonho", na "Sequência de Ibiza" (p. 102 deste volume), "O cronista" foi escrito provavelmente em Ibiza. Jean Selz relata nas suas memórias desse tempo: "Ele sabia que eu colecionava sonhos, e contava-me muitas vezes os seus. Eis um dos sonhos que anotei, datado de 'julho de 1932': 'Guilherme II enfrentava um tribunal, acusado de ter provocado a ruína de uma mulher velha. A mulher apresentou-se, maltrapilha, com a filha pequena pela mão, e para provar ao tribunal como era grande a sua miséria trouxe os dois únicos objetos que ainda lhes restavam: uma vassoura e uma caveira, que tinham de usar como prato e copo'." (cf. *Über Walter Benjamin,* Frankfurt/Main, 1968, p. 41). Também "O neto" poderá datar de 1932, uma vez que é o ano em que começa a anotar as suas recordações de infância. Benjamin enviou os "Autorretratos de um sonhador" à revista de Praga *Die Welt im Wort*, mas o manuscrito foi devolvido com a indicação: "A revista suspendeu a publicação". Os sonhos "Aquele que sabe" e "O cronista" foram publicados, com os títulos "Fazer figura com um brinquedo" e "Sonho", na revista suíça *Der öffentliche Dienst*, em 1934.

Sombras curtas (II)

Publicado no *Kölnische Zeitung* de 25 de fevereiro de 1933.
No espólio de Benjamin encontram-se, no verso de uma carta que recebeu com data de 12 de agosto de 1939, as seguintes "Anotações suplementares às 'Sombras curtas'", escritas pela mão do autor:

Na sua maior parte, as pessoas entendem-se tão pouco consigo próprias que não lhes restam forças para se entenderem com os outros. Por isso têm tanta dificuldade em elogiar outros, por isso é tão raro serem elogiadas. Todos gostam de elogiar uma comida, e sempre mais facilmente quando não se conhece o cozinheiro. Mas reconhecer o mérito de um colega ou aplaudir uma rival é qualquer coisa que exige demasiado das melhores forças. A longo prazo, só pode mostrar não ser invejoso aquele que estiver impregnado do valor das suas próprias realizações. (História de Disraeli)

Certaines phrases de Proust décrivent la courbe d'une fusée de feu d'artifice.[1]

Duração da vida. A vida, bem podia dizer-se, é suficientemente longa para poder fornecer aos desejos da primeira juventude a perspectiva de se realizarem.

Sobre Proust. Quer dizer adeus ao mundo. Já não quer saber dos salões. Mas o seu modo de proceder é semelhante ao dos gatunos que sobem a escada às arrecuas, de modo que aqueles que passam por eles pensam que estão a sair da casa.

Sobre Proust. Queria ver se não podemos registrar-nos no livro da própria vida (como numa lista de visitas).

Proust, que, em nome dos judeus franceses, se submete à prova da "assimilação" e reprova porque se saiu demasiado bem.

(Fonte: Arquivo Benjamin, manuscrito 640)

Imagens de pensamento

Publicados no *Frankfurter Zeitung* de 15 de novembro de 1933; e em *Der öffentliche Dienst* (Zurique) de 16 de fevereiro de 1934.

Dois dos textos das "Imagens de pensamento" podem datar-se aproximativamente. "A 'nova comunidade'" é uma versão mais curta de uma anotação de diário feita entre 7 e 12 de agosto de 1931 (cf. GS VI, 441-42). "Conto e cura" tem origem na seguinte nota manuscrita (Arquivo Benjamin, manuscrito 749), provavelmente da primavera ou do verão de 1932:

Noeggerath[2] *surpreendeu-me ao falar-me das faculdades terapêuticas das mãos da sua segunda mulher, descrevendo os movimentos dessas mãos*

---

[1] "Certas frases de Proust descrevem a curva de uma girândola de fogo de artifício."

[2] Felix Noeggerath (1885-1960): companheiro de estudos (juntamente com Rilke) de Benjamin em Munique, em 1915-1916. Noeggerath, nascido em Nova Iorque mas naturalizado alemão em 1909, estudava filosofia, indologia e linguística indogermânica, e era visto por Benjamin como "o gênio" do seminário que

apaziguadoras da dor com as seguintes palavras: Esses movimentos eram altamente expressivos. Mas não se poderia descrever a sua expressão — era como se contassem uma história.

Acontece que as fórmulas mágicas de Merseburg[3] são um exemplo — certamente apenas um entre muitos — da cura pela narrativa. Também sabemos como a história da sua doença, que o paciente conta ao médico no começo do tratamento, pode representar já o começo de um processo de cura. A psicanálise, pelo menos, faz isso. E surge a pergunta: não seriam todas as doenças curáveis se se deixassem derramar por um rio narrativo suficientemente largo e fundo? Faz-se também sobre isso uma luz ainda mais clara se pensarmos que a dor não se pode narrar, que ela, como se fosse um dique, barra os fluidos vitais, afluentes que querem desaguar na grande corrente épica da existência — da vida narrada.

Uma vez não são vezes

Publicado em *Der öffentliche Dienst* (Zurique) de 23 de fevereiro de 1934.

Belo terrível

Publicado em *Der öffentliche Dienst* (Zurique) de 6 de abril de 1934.

O texto figurava originalmente no conjunto intitulado "Sombras curtas (I)". Na publicação de 1929, na revista suíça *Neue Schweizer Rundschau*, o texto não foi incluído, com a anuência de Benjamin.

Uma vez mais

Inédito em vida do autor.

O texto data provavelmente de 1932, quando Benjamin começou a escrever as recordações de infância em Ibiza.

---

ambos frequentavam. Sobre a biografia de Noeggerath e a sua relação com Benjamin, ver: SCHOLEM, G. Walter Benjamin und Felix Noeggerath. *Merkur*, v. 35, 1981, p. 134-169, incluído mais tarde em *Walter Benjamin und sein Engel*. Frankfurt/Main, 1983.

[3] Sobre as "fórmulas mágicas de Merseburg" ver nota 72.

Pequenas habilidades

Inédito em vida do autor (à exceção de "Escrever bem", publicado com o título "O bom escritor" no conjunto "Imagens de pensamento", em 1933).

Os textos "Arte de narrar" e "Ler romances" dão expressão, de forma abreviada, a motivos de que Benjamin se ocupou ao longo de vários anos. Num caderno de notas de 1928-1929 encontram-se muitas anotações sobre a questão: "Por que razão está morrendo a arte de contar histórias?". Benjamin refere-se a essas anotações (ou a uma versão posterior, perdida) em carta a Hofmannsthal, de 26 de junho de 1929: *Depois, interessa-me a questão de saber "Por que razão está morrendo a arte de contar histórias" – isto é, a arte da narrativa oral.* (Br., 498; GB, III, 474). Benjamin promete também a Gretel Adorno, em carta provavelmente de 1932, apontamentos *sobre a arte de narrar [...] – o meu velho tema, que continua a ocupar-me cada vez mais, e de que me aproximei mais do que nunca na tentativa de estruturar uma longa história interrompida por episódios oníricos ou imperativos técnicos.*

No espólio encontram-se alguns paralipômenos dos textos "Arte de narrar" e "Ler romances". O primeiro aproveita sobretudo um conjunto de notas com o título "Materiais sobre Psamênite", provavelmente reunidas em 1935 e utilizadas na redação do ensaio "O contador de histórias" (1936). O tema do segundo surge já numa anotação de diário, de 16 de agosto de 1931, e é preparado em dois longos fragmentos, que se transcrevem mais adiante. No diário lê-se: *Pude desenvolver melhor noutro lugar essa analogia entre o romance e a comida. Há muito que passaram os tempos em que essa comida tinha valor nutritivo, e o "caráter popular" da arte, hoje representado sobretudo pelos romances de sucesso, há muito tempo que não tem nada de produtivo ou nutritivo – como aconteceu com o romance no começo da emancipação da classe burguesa. É antes a expressão da total integração desse tipo de escrita na esfera da mercadoria: serve única e exclusivamente para o conforto de quem lê* (GS VI, 444). Essas anotações relacionam-se com o primeiro dos paralipômenos a seguir reproduzidos. O segundo parece ter ligação com a seguinte passagem de uma carta a Kitty Marx-Steinschneider (sobrinha do amigo de Gershom Scholem, Moses Marx), de 1º de maio de 1933: *Neste momento estou escrevinhando umas coisas curiosas sobre o romance, que – talvez impressas – serão provavelmente um dos últimos barquinhos a atracar ao porto do arquivo de Scholem* (Br., 574; GB, IV, 198).

Reproduzem-se a seguir estas duas longas anotações preliminares:

Tentativa de apoiar com algumas notas estas ideias que há muito tempo me ocupam: por que razão lemos romances? Ler romances é como "comer". Uma volúpia da assimilação. Por outras palavras, a mais gritante oposição em relação ao que a crítica geralmente aponta como o prazer de ler: a saber, a substituição. Assim, o belo contexto, por exemplo uma descrição bem-sucedida a abrir, seria comparável à apresentação atraente e apetitosa de uma iguaria requintada. O prazer de vê-la na mesa é ainda reforçado pela alegria da destruição que já está à espreita. Seria preciso também responder à pergunta: a expressão "devorar um livro" não será, nesse sentido, uma metáfora autêntica e vivida? Talvez seja esta a resposta: nenhum universo formal é tão fortemente assimilado, desmembrado e destruído no ato da sua fruição como a prosa narrativa. Podem comparar-se bem as teorias sobre a essência da leitura de romances com as mais diversas teorias antigas da alimentação. E sobretudo não podemos esquecer que são diferentes as razões que explicam as nossas necessidades fisiológicas de nos alimentarmos e o ato de comer. A mais antiga teoria da alimentação é importante para o estudo da leitura de romances porque partia da comida: segundo ela, alimentamo-nos assimilando os espíritos das coisas que comemos. É verdade que com isso não nos alimentamos, mas não é menos certo que comemos para realizar uma tal assimilação. E essa é também a razão pela qual lemos, e não para aumentar a nossa experiência e o nosso manancial de memória e de vivências. (Essas teorias psicológicas da substituição devem ser comparadas com as teorias da alimentação em que se afirma que do sangue que consumimos se faz o nosso sangue, que os ossos dos animais se transformam nos nossos, etc.) As coisas não são assim tão simples. Não lemos romances para multiplicar as nossas experiências, mas para nos multiplicarmos a nós próprios. E depois, não se pode esquecer este ponto de vista muito importante: entre as nossas condições de vida há muita coisa que só quem lê está em condições de entender, do mesmo modo que existe um certo lado essencial de plantas e animais que só pode ser conhecido por quem os come. Daqui decorreria a verdade, paradoxal, mas exata, que nos diz que escrever romances é retirar das coisas o que nelas há de comestível, o seu sabor. Da comida à leitura de romances há toda uma escala contínua. (Por isso, não se deve ler enquanto se come. As duas coisas chocam-se.) Há que investigar os graus materiais dessa escala, até o sabor de coisas, pessoas e acontecimentos, que o romancista nos comunica. – Classificação gastronômica da prosa: os modos narrativos do povo – todo um cânone de procedimentos – e da prosa correspondem na cozinha à comida caseira. Temos de levar em conta que muitas matières premières *importantes, matérias primordiais da vivência, são intragáveis em estado cru, e também que o seu valor nutritivo, e com isso o fortalecimento da pessoa, não residem na sua vivência, mas na sua narração. Mas, por outro lado, há também as comidas cruas da prosa: matérias que não precisam da preparação pelo narrador, ou que dificilmente a suportam. Entre elas conta-se a pequena história exemplar* [Anekdote].

Essa é a nova "teoria do romance". Arranca ao domínio mágico e hierático a intenção simbólica do que foi assimilado, e com isso uma parte das intenções simbólicas antropológicas, e remete a sua realidade para a esfera do profano. Ler é comungar comendo, em sentido profano. Há que destacar em especial o elemento carnívoro. Tensão da carne. Mas, tal como também existem alimentos saudáveis para além da carne, assim também o que é do puro âmbito da matéria constitui outro campo conceitual, diferente daquele que é determinado pela "tensão" narrativa. O afeto fundamental da leitura não é a tensão, mas a fome, fome de matéria. A atitude fundamental do leitor é a daquele que come: isso se prova pelo fato de ele não poder voltar imediatamente àquilo que comeu com prazer. Ter de ler uma página três vezes (seguidas) é o mesmo que ter de comer de um prato que não foi lavado. – Não há prazer artístico que devaste mais a obra do que a leitura. Tal como a inflação comeu tudo, assim também se engoliu tudo sob a forma do romance. Até postulados filosóficos. Aliás, pode dizer-se que a leitura ocupou o lugar da comida. Nunca se compraram tantos livros como no nosso tempo. Existem diferenças fundamentais no âmbito da comida – comer sozinho, ir a um jantar, dar um jantar, ir ao restaurante –, e o mesmo se passa no da leitura. A leitura de folhetins, por exemplo, é como comer num restaurante e esperar pelo criado sem prazer nenhum.

O dito de espírito [Witz] *e o rapé. O dito de espírito em sociedade. Nessa época[4] não houve grandes romances. Mas florescia a pequena história exemplar* [Anekdote].

(Fonte: Arquivo Benjamin, manuscrito 863 segs.)

Romances. Nem todos os livros se leem do mesmo modo. Os romances, por exemplo, existem para serem devorados. Lê-los é uma volúpia da assimilação. E, assim, qualquer coisa de radicalmente diferente daquilo que geralmente se vê neles: ou seja, nenhuma espécie de empatia. O leitor não se coloca no lugar

---

[4] A época em referência é a do primeiro Romantismo alemão, de Iena, a partir de 1798. As alusões ao "dito de espírito" (Witz) e à forma, então muito cultivada, da Anekdote, remetem para os Fragmentos das revistas Lyceum e Athenäum, dirigidas por Friedrich Schlegel.

do protagonista, mas assimila o que lhe acontece. Mas o relato mais visível disso é o apetitoso arranjo com que um prato suculento nos é trazido à mesa. O prazer de vê-lo na mesa é ainda reforçado pela alegria da destruição que já está à espreita. Essa é parte integrante do apetite, e tão pouco estranha ao leitor que devora o seu livro como àquele que come. (E que se passa com este? Os primitivos acreditam que cada órgão animal fortalece o correspondente em quem come. Quem come fígado ou miolos fortalece o próprio fígado ou o próprio cérebro. Essa crença corresponde exatamente àquela outra que nos diz que a leitura de romances nos torna mais ricos no conhecimento do mundo e dos homens. Mas isso é muito duvidoso. Nós também lemos romances não para multiplicar o nosso saber, mas para multiplicarmos a nós próprios. Por isso, estamos mais próximos da essência da questão com a doutrina medieval.) Na Idade Média acreditava-se que nos alimentamos pela assimilação dos espíritos que vivem nas coisas que comemos. Se não nos alimentamos com isso, é certo que lemos por causa dessa assimilação, e é também por causa dela que comemos. A perspectiva dessa assimilação é aquilo a que chamamos apetite. Uma das primeiras tarefas da arte da cozinha consiste em despertá-lo. É certo que também há alimentos crus da experiência – tal como há alimentos crus para o estômago –, concretamente: as experiências que nos passam pela própria pele. Mas a arte do romance, como a arte da cozinha, só começa para além dos alimentos crus. E quantas substâncias primordiais da alimentação não existem que são intragáveis em estado cru! E quantas experiências primordiais que são aconselháveis em estado de leitura, mas não de vivência! Fazem proveito a muito boa gente que morreria se passasse por elas in natura. *A musa do romance é a décima, e o seu emblema é o da fada da cozinha. Tira o mundo do seu estado cru, para lhe preparar pratos comestíveis e extrair dele o seu gosto. Se tiver de ser, pode ler-se o jornal à refeição. Mas nunca um romance. São tarefas necessárias, mas que entram em conflito.*

(Fonte: Arquivo Benjamin, manuscrito 862)

SOBRE O HAXIXE E OUTRAS DROGAS
(p. 133-169)

Haxixe em Marselha

Publicado no *Frankfurter Zeitung* de 4 de dezembro de 1932.

Numa carta de 30 de outubro de 1928, Benjamin refere-se a um *protocolo misterioso de Marselha* (vide Br., 482; GB, III, 420). Trata-se provavelmente do texto "Sábado, 29 de setembro, Marselha", escrito em grande parte sob o efeito do haxixe, ou do datiloscrito feito depois (esta versão, mais próxima da forma do protocolo do que a do texto "Haxixe em Marselha", pode ler-se em GS VI, 579-587). De acordo com as indicações do manuscrito e do datiloscrito, o protocolo da experiência foi escrito em 29 e 30 de setembro de 1928, o que torna incompreensíveis as razões que levaram Benjamin a datar de 29 de setembro a versão reformulada para publicação de "Haxixe em Marselha". Benjamin incorporou largas passagens do protocolo de Marselha na narrativa "Myslowitz – Braunschweig – Marselha. A história de uma experiência com haxixe", publicada em novembro de 1930 na revista de Berlim *Uhu* (vide GS IV/2, 729-737; e tradução portuguesa de Telma Costa em *Histórias e contos*. Lisboa: Teorema, 1992, p. 21-36). Em carta de cerca de 6 de maio de 1934 escreve a Gretel Adorno: *Conheces o meu "Haxixe em Marselha". Mandei-o traduzir. A tradução, dizem-me alguns especialistas, é vergonhosamente ruim. Apesar disso, procuro mover algumas influências para conseguir a publicação nos Cahiers du Sud. Talvez assim haja uma pequena possibilidade de isso acontecer* (GB, IV, 414-415). Benjamin fez algumas correções à mão no datiloscrito da tradução, que eliminaram apenas os erros mais crassos, o que significa que mesmo o texto corrigido não corresponderia às ideias do autor. A tradução francesa foi publicada em janeiro de 1935 no número 22 dos *Cahiers du Sud,* p. 26-33.

Benjamin planejava escrever um livro sobre o haxixe e menciona a ideia em algumas cartas. Em 26 de julho de 1932, em carta a Scholem enviada de Nice, fala-se dos muitos *planos inacabados e abandonados*, e destacam-se *os quatro livros que assinalam o autêntico depósito de escombros e catástrofes a partir do qual não descortino limites quando deixo os olhos abarcar os meus próximos anos. São eles as "Passagens de Paris", os "Ensaios completos sobre literatura", as "Cartas" e um livro de extrema importância sobre o haxixe. Este último tema está no segredo dos deuses e por enquanto deve ficar apenas entre nós* (Br., 556; GB, IV, 112-113). Uma carta mais tardia a Gretel Adorno (de cerca de 26 de maio de 1933), ainda de Ibiza, onde, na casa de Jean Selz, se realizaram algumas das experiências com drogas, refere *um dossiê que conhece*, que reuniria os protocolos dessas experiências, e faz-se uma descrição pormenorizada dos preparativos para uma dessas sessões: *Quando a noite chegou, senti-me muito triste. Mas estava naquela rara disposição de espírito em que as angústias interiores e exteriores se equilibram, de modo que se cria aquela atmosfera que é a única em que estamos verdadeiramente disponíveis para ser consolados. Isso nos pareceu quase um sinal, e depois dos preparativos, estudados e precisos, que há que fazer para que ninguém tenha de se levantar durante a noite, deitamos mãos à obra por volta das duas horas. Não foi a primeira vez do ponto de vista da cronologia, mas o foi no que ao sucesso da experiência se refere. As ajudas mútuas com que era preciso contar, e que exigem muito cuidado, estavam de tal modo distribuídas entre nós que cada um servia e era servido, e a conversa repercutia-se nessas ações como os fios que, num gobelino, tingem o céu e atravessam a batalha que se desenrola em primeiro plano.*

É difícil dar-lhe aqui uma ideia das direções seguidas por essas conversas e dos territórios por onde andaram. Mas quando as notas que farei na sequência dessas horas tiverem alcançado um certo grau de exatidão e se juntarem a outras, num dossiê que conhece, chegará também o dia em que com muito gosto lhe lerei um ou outro desses textos (GB, IV, 217-218).

O texto "Haxixe em Marselha" é a versão já elaborada (e a única publicada) de um de vários "Protocolos de experiências com drogas" redigidos por Benjamin, e referentes a experiências com haxixe, mescalina e ópio, feitas entre 1927 e 1934, em que participaram também o filósofo Ernst Bloch e os médicos Ernst Joël e Fritz Fränkel. Incluem-se na última seção desse volume os textos dos protocolos redigidos por Benjamin (e apenas esses, por ordem cronológica, e à exceção daquele que serviu de base a "Haxixe em Marselha"), bem como alguns dos desenhos de sua autoria resultantes dessas experiências (cf. GS VI, 558-618).

Este livro foi composto com tipografia Bembo e impresso em papel Off-White 70 g/m² na Formato Artes Gráficas.